＼もっと／

# ゆる山歩き

## いつだって山日和

西野淑子

東京新聞

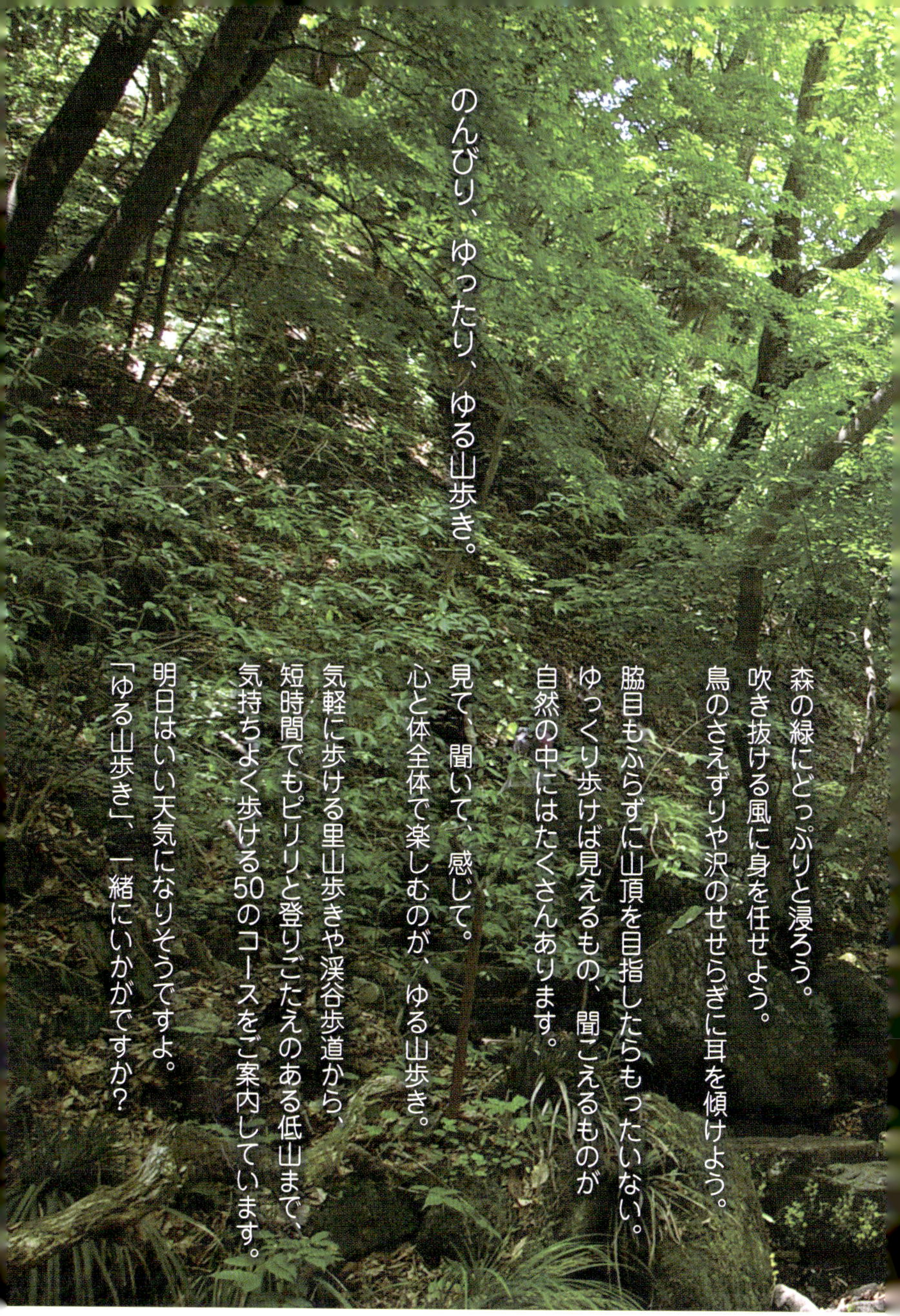

# のんびり、ゆったり、ゆる山歩き。

森の緑にどっぷりと浸ろう。
吹き抜ける風に身を任せよう。
鳥のさえずりや沢のせせらぎに耳を傾けよう。

脇目もふらずに山頂を目指したらもったいない。
ゆっくり歩けば見えるもの、聞こえるものが
自然の中にはたくさんあります。

見て、聞いて、感じて。
心と体全体で楽しむのが、ゆる山歩き。

気軽に歩ける里山歩きや渓谷歩道から、
短時間でもピリリと登りごたえのある低山まで、
気持ちよく歩ける50のコースをご案内しています。

明日はいい天気になりそうですよ。
「ゆる山歩き」、一緒にいかがですか?

もっとゆる山歩き
いつだって山日和

contents



## 春

## 夏



## 秋

## 冬



### コースガイドについて

本書は、東京新聞　首都圏情報「ほっとなび」の連載「ゆる山歩き」（2016年2月～2017年12月分）を、単行本化にあたり加筆、再構成しました。

本書に記載の交通機関、市町村問合せ先等のデータについては、2018年7月現在のものを使用しています。これらについては変更される場合がありますので、事前に必ずご確認ください。

データ部分のアイコンは

🚃：登山口までの交通機関　▶：コースタイム　WC：トイレ情報
ⓘ：アドバイス　問：市町村・交通機関の問合せ先

コースタイムは、実測をもとに、健康な成人が要する標準的な歩行時間を記載しています。休憩時間は含めません。体力や天候などで変化しますので、あくまでも目安として考え、無理のない計画を立て、行動してください。

本書に掲載の地図は必ずしも現地での道案内に十分ではありません。歩くときには登山地図やハイキングマップなどをお持ちください。

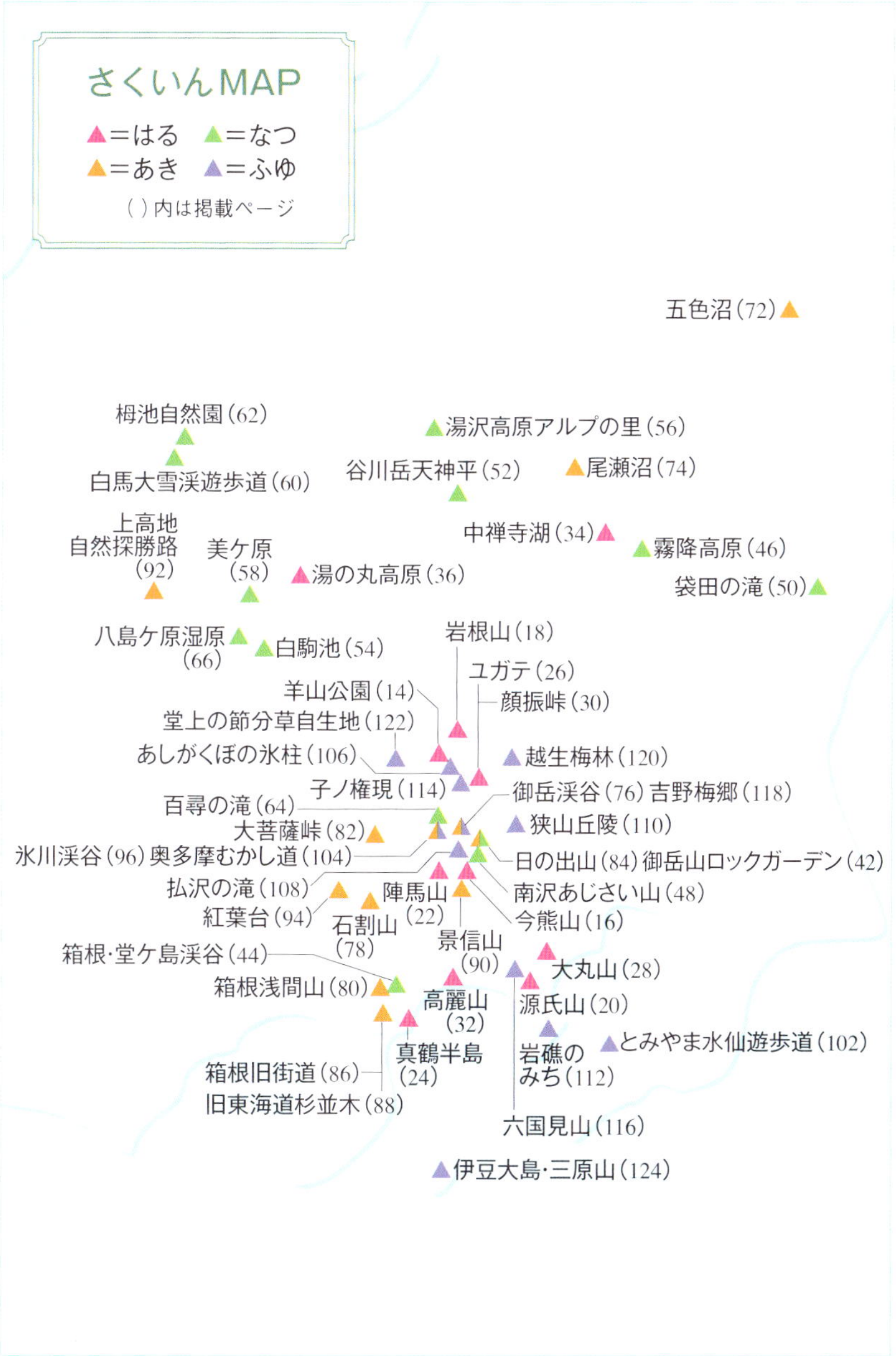
さくいんMAP
▲＝はる ▲＝なつ
▲＝あき ▲＝ふゆ
( )内は掲載ページ
五色沼(72)
栂池自然園(62)
湯沢高原アルプの里(56)
白馬大雪渓遊歩道(60)
谷川岳天神平(52)
尾瀬沼(74)
上高地自然探勝路(92)
美ケ原(58)
湯の丸高原(36)
中禅寺湖(34)
霧降高原(46)
袋田の滝(50)
八島ケ原湿原(66)
白駒池(54)
岩根山(18)
ユガテ(26)
羊山公園(14)
顔振峠(30)
堂上の節分草自生地(122)
あしがくぼの氷柱(106)
越生梅林(120)
子ノ権現(114)
御岳渓谷(76) 吉野梅郷(118)
百尋の滝(64)
大菩薩峠(82)
狭山丘陵(110)
氷川渓谷(96) 奥多摩むかし道(104)
日の出山(84) 御岳山ロックガーデン(42)
払沢の滝(108)
陣馬山(22)
南沢あじさい山(48)
紅葉台(94)
石割山(78)
今熊山(16)
景信山(90)
箱根·堂ケ島渓谷(44)
大丸山(28)
箱根浅間山(80)
高麗山(32)
源氏山(20)
真鶴半島(24)
とみやま水仙遊歩道(102)
岩礁のみち(112)
箱根旧街道(86)
旧東海道杉並木(88)
六国見山(116)
伊豆大島·三原山(124)

歩きやすさ重視、まずはあるもので

# 服装と持ち物

## 服装

汚れてもいい動きやすい服、履き慣れた歩きやすい靴が大切です。歩くだけとはいえ、長い距離を歩きますから、スカートよりパンツ、ブラウスよりTシャツなどのほうがよいでしょう。靴も革靴やサンダルでなく、スニーカーやトレッキングシューズなど、長く歩いても疲れにくい靴を選びます。

歩いていると汗をかくので、汗をよく吸って乾きやすい素材のシャツが望ましいです。綿のシャツは汗をよく吸いますが乾きにくく汗冷えするので、替えのシャツを持っていくとよいでしょう。

## 持ち物

日帰りのゆる山歩きなら、飲み物、お弁当とおやつ、タオル、雨具、歩くルートの資料（地図やガイドブック）など。山には売店や自動販売機がないので、飲み物や食べ物はあらかじめ用意します。雨具は必ず持っていきましょう。晴れ予報の日でも、山では急に雨が降ることがあります。登山用の雨具がベストですが、コンビニなどで売っているビニールのレインコートと折り畳みの傘でもよいので持っていきます。

両手をあけてバランスよく歩くため、手提げカバンや肩掛けカバンではなく、リュックサックに道具を入れます。1〜2時間のゆる山なら、普段使いのデイパックで十分です。

登山専用の服や道具を全部買いそろえる必要はありません。まずはあるもので始めてみましょう。山歩きがおもしろいと思ったら、少しずつ買い足していけばいいのです。

## 歩くペース

山歩きはゆっくり、休まず歩くと疲れにくいのです。お友達とおしゃべりをしていても息が切れない程度のスピードで、目安としては「街を歩くときの2倍ゆっくり」。ゆる山歩きなら、25～30分歩いて5分程度休憩するのを1サイクルとして、歩くといいでしょう。

登り道では、呼吸を意識しながら、ゆっくりと足を運びます。丸太や石の階段が出てきたら、一段ずつ踏みしめるように、一定のペースで登っていきます。駅の階段を駆け上がるように早足で登ってしまうと、一気に息が上がってしまいます。「休まずに」といっても、よい景色やきれいな花を見つけたら、立ち止まって写真を撮ったりするのはOK。

街歩きの２倍ゆっくりがポイント

# 疲れず楽しく歩く

## 水分補給

歩いていると汗や呼気で、水分が体の外に出ていくので、出ていった分を取り入れる必要があります。とくに雨や霧の日や、寒い時は体から水分が出ている実感がなく、飲み物をとらなくなりがちです。３時間程度の山歩きなら、５００ミリリットル～1リットルの飲み物を持ち歩き、のどが渇いたと感じていなくても、休憩時には飲むようにしましょう。

## 栄養補給

水分と同様に、歩いているとエネルギーも消費されていきます。行動食（おやつ）を持っていき、休憩時に食べるようにします。チョコレートや飴、小分けになった羊羹などが食べやすく、カロリーも高いのでおすすめです。

## 下調べで安全に楽しく
# プランニング

山歩きでは、計画を立てることが大切。それは高く険しい山を登る登山でも、私たちが楽しむ『ゆる山歩き』でも同じです。「計画なんて大変そう、面倒だなぁ」と思われそうですが、実は考えることはそれほど多くないのです。

### ✓登山ルートの下調べ

どのくらい歩くのか、歩きにくい危険な場所はないかなど、コースの下調べをします。山歩きのガイドブックが役立ちます。最近は市町村でハイキングマップを作っているところもあり、市町村のホームページからダウンロードすることもできます。

花や紅葉目当てに出かけるときは、現地情報をチェックしていきます。山によっては山麓のビジターセンターや周辺の山小屋のホームページなどで、情報をこまめに更新しているので参考になります。地元の観光協会などに直接問い合わせてみてもいいでしょう。

### ✓アクセス情報

登山口までの電車やバスの便を時刻表などで調べます。登山口と下山するところが違う場合は、下山地の交通情報も忘れずに確認を。

公共交通機関を使う場合、電車の最寄り駅から登山口までバスでアクセスすることが多いです。町なかの路線バスと違い、山岳地帯の路線バスは本数が少ないもの。1日に2、3本ということも多いですし、平日と土曜、日曜でダイヤが違うこともあります。バス会社の公式サイトの時刻表で、最新のダイヤを確認しておきます。

また、山の中を通る路線は、大雨・台

風などで土砂崩れがあると通行止めになります。そもそもバスの運行があるかも事前に確認を。

マイカーでアクセスする場合は、登山口の駐車場情報（場所、有料／無料など）を調べておきましょう。バスと同様に登山口への道路が土砂崩れなどで通行止めになっていないかの確認もしておきます。時期によっては、マイカー規制を行っている山もあります。たとえば上高地はシーズン中ずっと、富士山は夏にマイカー規制期間があります。

本書ではロープウエーやリフトを使うルートを多く紹介していますが、季節運行のことも多いです。行きたい日に運行しているか、運行時間などを確認しておきましょう。

## ✓ 1日の予定を決める

ルートやアクセスの下調べをもとに、何時に自宅を出て、何時から歩き始めるか、1日のおおよその予定を考えます。登山用の地図に書かれたコースタイムは、休憩の時間を含めていません。休憩やお昼休みを考えると、書かれているコースタイムの1・5〜2倍が、実際にかかる行動時間と考えてよいと思います。

歩行時間の短い山歩きでも、早め出発、早め下山を心がけます。展望のよい山は、朝早いほうが空気が澄んで山々がよく見渡せます。秋は日が落ちるのが早く、夕方には薄暗くなってしまいます。歩行時間2〜3時間程度のゆる山でも、朝10時には歩き始めるようにしたいものです。

# 春

花を探しに、山へ出かけましょう。
ほら、この斜面にカタクリがあったよ、
うわぁ、もうスミレが咲いているんだね。
この花はなんて名前だったかしら。
注意深く足元に目をやり、周りをきょろきょろと見渡せば
「ここにいるよ」と声が聞こえてくるようです。

埼玉県

丘一面を彩る芝桜

# 羊山公園

ひつじやまこうえん

270m　0時間50分

埼玉県横瀬町と秩父市にまたがる羊山公園は、関東地方でも有数の芝桜の名所として知られています。約30ヘクタールの広大な公園の一角に「芝桜の丘」が整備され、9種類、40万株以上もの芝桜が植栽されているのです。例年花の見頃は4月半ばからゴールデンウイークごろ。

西武秩父駅をスタートし、道標に従って住宅街を進んで公園の敷地内に入っていきます。

すぐに現れるのが牧水《ぼくすい》の滝。周辺が趣ある和風庭園にしつらえられています。車道に突き当たったら、芝桜の丘は右方向ですが、いったん左側に進み、見晴らしの丘まで足を延ばしましょう。小高い山々に囲まれた秩父市街が一望に見渡せるビューポイントです。

景色を楽しんだら、車道を少し戻り、芝桜の丘方面へ。芝生の広場やフィールドアスレチックの広場を眺めながら進んでいきます。4月上旬~中旬は桜も咲いていて、芝生広場でくつろぐのも楽しみ。ほどなく芝桜の丘に到着します。

濃淡ピンクや白色の芝桜がパッチワークのように斜面を覆い尽くし、その向こうに美しい三角形の山姿の武甲山がそびえています。園内には散策路が設けられているので、景色を楽しみながらのんびりと歩きましょう。芝桜の丘の入場口付近には秩父の名産品や郷土料理が楽しめる特産市もあります。

散策を楽しんだら、芝桜の丘入り口から西武秩父駅を目指します。

❶芝桜の丘。秩父のシンボル・武甲山を背景に芝桜が咲き誇る　❷牧水の滝公園は日本庭園の趣　❸見晴らしの丘から秩父市街を望む

湯

### 秩父湯元武甲温泉

横瀬駅から徒歩10分、武甲山の山麓に湧く温泉の日帰り入浴施設。炭酸泉や単純硫黄温泉のお風呂で山歩きの疲れを癒やすことができる。緑に囲まれた露天風呂も快適。入浴後は大広間で休憩できるほか食堂もある。
埼玉県横瀬町横瀬4628
TEL 0494-25-5151

電車：池袋駅から西武線特急で1時間20分、西武秩父駅下車

コース：西武秩父駅（15分）牧水の滝（5分）見晴らしの丘（10分）芝桜の丘（20分）西武秩父駅

WC：羊山公園の園内各所にあり

見頃：例年芝桜の見頃に合わせ、4月中旬～ゴールデンウイークに芝桜まつりを開催。期間中は入園料が必要

問：秩父市役所
TEL 0494-22-2211

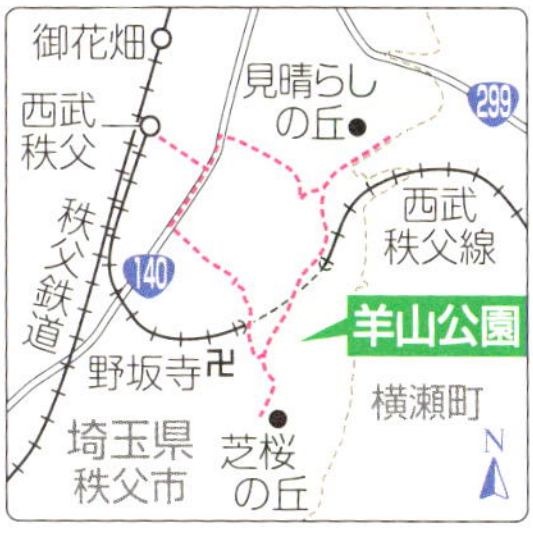

東京都

## ミツバツツジ彩る境内

# 今熊山

いまぐまやま

505m　1時間50分

春はお花見ゆる山歩きの季節。山で見られる花木で、最も早く咲く花のひとつがミツバツツジです。葉よりも先に赤紫色の花をつけ、芽吹き前の山ではよく目立ちます。枝の先に3枚の葉をつけるから「ミツバ」ツツジといいます。

　奥多摩・武蔵五日市に広がる秋川丘陵の一角、標高505メートルの今熊山は、山麓の今熊神社がミツバツツジの名所として知られています。例年、花の見頃は4月上旬から中旬にかけてです。

　今熊山登山口バス停から今熊神社までは舗装道路歩き。道中に「いまぐま道」「今熊野山道」などと彫られた古い石標が立っています。今熊山は尋ね人や探し物に霊験のある「呼ばわりの山」として人々の信仰を集めてきました。今熊神社は小さいながらも荘厳な雰囲気をかもし出す神社。神社の西側斜面に植栽されたミツバツツジが、まるで赤紫色の花霞《はながすみ》のようです。

　白い石の鳥居をくぐり、石段を上って登山道へ。今熊神社から今熊山の山頂までは、行程は短いですが本格的な山道になります。木の根や岩が露出しているところもあるので十分注意して進みましょう。ところどころに展望ポイントがあり、五日市の街並みが見渡せます。

　山頂には今熊神社の奥宮がありますが、展望はそれほどよくありません。ベンチもある山頂直下の展望台でゆっくり休んでいくとよいでしょう。帰りは来た道を戻ります。

❶山の斜面を埋め尽くす赤紫色のミツバツツジ　❷今熊神社の社殿　❸山頂手前の展望地から望む五日市の町並み

紅茶と珈琲の店 山猫亭

武蔵五日市駅前に立つ喫茶店。木のぬくもりが心地よい店内で、やさしい味わいの手作りケーキや雑穀米のヘルシーフードが味わえる。ティーポットで供される風味豊かな紅茶は店主におすすめを聞きながら選びたい。

東京都あきる野市舘谷220-9 TEL042-596-6321

：ＪＲ五日市線武蔵五日市駅から西東京バス６分、今熊山登山口下車

：今熊山登山口バス停（25分）今熊神社（40分）今熊山（20分）今熊神社（25分）今熊山登山口バス停

WC：今熊神社、山頂直下にあり

：土・休日には、新宿から武蔵五日市駅まで乗り換えなしでアクセスできる「ホリデー快速」が運行

問：八王子市役所 TEL042-626-3111
西東京バス（五日市）TEL042-596-1611

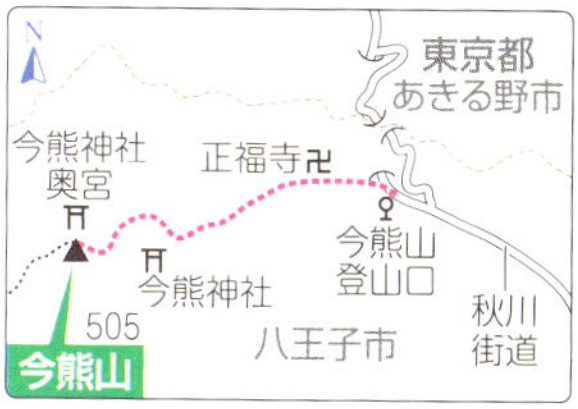

埼玉県

## 春告げるミツバツツジ

# 岩根山

いわねやま

335m　2時間00分

低山をいち早く彩る山のツツジを見に行きませんか。埼玉県長瀞《ながとろ》町の岩根山は、ミツバツツジの名所として知られる山です。

素朴な雰囲気の秩父鉄道に乗って野上駅へ。「岩根神社」の道標に従って進んでいきます。荒川を渡りしばらく進むと、長瀞秋の七草寺のひとつ、法善寺の前に出ます。花の寺としても知られ、春はシダレザクラやレンギョウなど、さまざまな草花が境内を彩ります。

道標を見落とさないようにしながら、里山風景のなかを歩いていきます。春先は民家の庭も花で彩られ、風情たっぷり。しばらく舗装道路をゆるやかに上り続けたら、石仏を目印に山道に取り付きます。歩き始めるとほどなく、ミツバツツジに囲まれます。山頂周辺は岩根山つつじ園として整備されており、千株あまりが植えられています。なかには樹齢100年以上のものもあり、辺り一面を埋める赤紫色のツツジは壮観。まさに春霞《はるがすみ》のようです。

ツツジのトンネルのような道を歩いていくと、岩根神社のお社が立つ山頂に到着します。お参りをしていきましょう。

時を同じくしてサクラやヤマブキが咲き、足元にはカタクリなど春の花も。春は多くの草花、花木に彩られた山を楽しみながら歩けます。ミツバツツジが終われば新緑、そしてヤマツツジの朱色が目に鮮やかです。

帰りは来た道を戻ります。時間にゆとりがあれば、法善寺でお花見をゆっくり楽しんでもよいでしょう。

❶4月上旬、ミツバツツジとともにサクラも咲く ❷岩根山の山頂には小さな祠が建つ ❸ミツバツツジのトンネルを進む

観

**法善寺**

花の寺としても人気の高い寺。長瀞七草寺のひとつで「フジバカマの寺」となっている。春はシダレザクラも見どころ。なかでも境内に2本ある推定100年近くのサクラが見応えたっぷりで、菜の花など草花とのコントラストも絶妙。

埼玉県長瀞町井戸476

- 電：池袋駅から西武線特急で1時間20分、西武秩父駅から徒歩5分の御花畑駅で秩父鉄道に乗り換え23分、野上駅下車
- ▶：野上駅（15分）法善寺（50分）岩根神社（40分）法善寺（15分）野上駅
- WC：岩根神社にあり
- ！：つつじ園の入園は有料。開園期間は例年4月1日～中旬だが、開花状況により変動あり
- 問：長瀞町観光協会 TEL0494-66-3311
  岩根神社（岩根山つつじ園）TEL0494-66-4360

## 緑の木立抜け鎌倉大仏へ

# 源氏山

げんじやま

93m　2時間00分

鎌倉は魅力的な「ゆる山歩き」ルートの宝庫。社寺の拝観を取り入れながら、自然散策や花巡りが楽しめます。標高93メートルの源氏山一帯は源氏山公園として整備され、春は桜、秋は紅葉の名所として知られています。北鎌倉から源氏山に向かい、鎌倉大仏の高徳院に向かうハイキングコースは、地元のハイカーにも人気の高い好ルートです。

北鎌倉駅から線路沿いを歩き、浄智寺への道標に従って右折します。鎌倉五山の第四位である浄智寺でお参りを済ませ、ハイキングコースに入りましょう。木の根が露出したところもあるので足元に注意して歩きます。小さなアップダウンを繰り返しながら山道を進み、葛原岡神社へ。木々に囲まれてひっそりと社殿が建っています。源氏山公園では、源頼朝の像がお出迎え。山頂は、源頼朝の像からさらに奥に進んだところです。

源氏山公園からは園内の道標に従って銭洗弁財天へ。境内には霊験あらたかな水が湧き、小さなザルにお金を入れて洗うと金運が上がるという御利益があります。さらに心地よい樹林の中を進み、大仏坂切通《きりとおし》で山道は終了。大仏坂切通から、多くの観光客でにぎわう高徳院までは徒歩10分ほど。大きな鎌倉大仏は内部が空洞になっていて、胎内拝観もできます。

高徳院から長谷駅までは15分ほどの道のり。土産物店や飲食店がいくつも立ち並んでいるので、立ち寄っていきましょう。

❶源頼朝像が立つ源氏山公園　❷浄智寺の山門へ。しっとりとした風情で初夏にはアジサイも　❸高徳院の鎌倉大仏

観

**長谷寺**

鎌倉の西方極楽浄土とも呼ばれ、四季折々の花木に彩られた花の寺としても名高い。なかでもアジサイがすばらしく、傾斜地にしつらえられた散策路の周辺に40種類以上2500株ものアジサイが群生している。

神奈川県鎌倉市長谷3-11-2

TEL0467-22-6300

電：ＪＲ横須賀線北鎌倉駅下車

▶：北鎌倉駅（30分）葛原岡神社（25分）源氏山公園（50分）高徳院（15分）長谷駅

WC：北鎌倉駅、高徳院など数カ所あり

？：源氏山公園のサクラの見頃は４月上旬

問：鎌倉市役所

TEL0467-23-3000

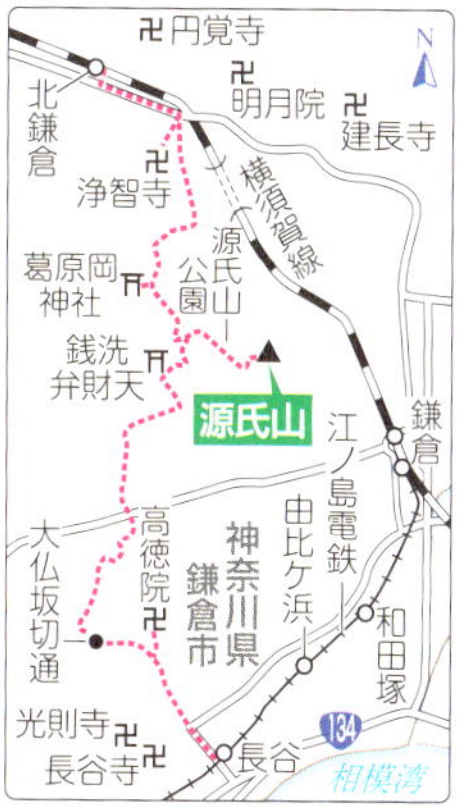

東京都・神奈川県

## 白馬像立つ展望の頂

# 陣馬山

じんばさん

855m　2時間30分

東京都と神奈川県の境にそびえる陣馬山。山名の由来は諸説ありますが、戦国時代に北条氏と武田氏が戦をしたとき、武田氏が山頂に陣を張ったため、といわれています。山頂へ向かうルートはいくつかありますが、和田からのルートがよく整備されて歩きやすいです。マイカー利用の場合は、和田峠から登山道を登れば30分ほどで山頂に立つことができます。

　和田バス停から車道を進み、道標に従ってコンクリートの舗装路を少し進んで登山道に入ります。はじめは針葉樹の道、一ノ尾根からの登山道と合流するあたりから、明るい広葉樹の林に。芽吹き始めた木々や足元の草花を愛《め》でながら歩いていきます。山頂直下は丸太の階段が長く続いて息が上がりますが、一歩ずつ焦らずに登っていけば、広々とした陣馬山の山頂に到着。山頂には白い馬の像が立ち、登山者を出迎えてくれます。

　山頂からは周囲の山々が一望のもと。頭に雪をかぶった富士山が、美しく裾野を広げてそびえています。富士山の左には丹沢の山々、右側には大菩薩《だいぼさつ》、奥秩父、奥多摩の山々が連なります。すばらしいパノラマ風景に疲れも吹き飛びます。

　広々としてのびやかな草原状の山頂には、数軒の茶店が立ち並んでいます。なめこ汁やおでん、そばやうどんなどの軽食も味わえます。それぞれ個性的なお店の人たちとの会話も楽しみ。帰りは来た道を戻り、和田バス停に向かいます。

❶山頂からは山々の向こうに富士山の美しい姿が　❷山頂に立つ白い馬の像　❸4月下旬、山頂にこいのぼりが舞っていた

## 山頂の茶店

陣馬山の山頂には茶店が点在していて、屋外のテラス席で景色を楽しみながらうどん・そば、おでんなどの軽食が味わえる。とくに富士山の眺望がよいのは富士見茶屋。店内には陣馬山周辺で見られる花の写真なども飾られ、ご主人が説明をしてくれるのも嬉しい。

：ＪＲ中央線藤野駅から神奈川中央交通バス15分、和田下車

：和田バス停（1時間）一ノ尾根合流点（30分）陣馬山（1時間）和田バス停

WC：和田バス停、陣馬山山頂にあり

：藤野駅から和田方面行きのバスは本数が少ない。最新のバス時刻表で確認を

問：藤野観光協会 ℡042-684-9503
神奈川中央交通バス（津久井）
℡042-784-0661

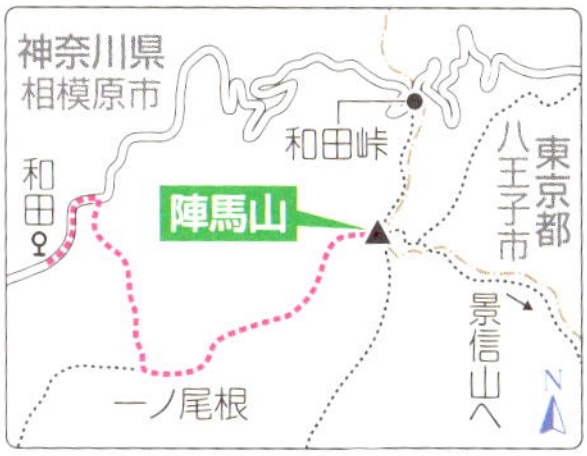

神奈川県

常緑樹の森から光輝く海へ

# 真鶴半島

まなづるはんとう

100m 1時間25分

青々とした木々が茂る、豊かな常緑樹の森に出掛けてみませんか。相模湾に小さく突き出た真鶴半島は、海と森の景観を楽しめる散策路が整備されていて、心地よい森林&潮騒ウオークが楽しめます。

真鶴駅から歩くこともできますが、今回はバスで岬の先端近くまで移動して、歩き始めましょう。遊歩道を歩いてまずは港の先端、三ツ石海岸を目指します。歩き始めるとスダジイやクスノキなど、常緑広葉樹の大木が見られます。真鶴半島は江戸時代、城などの建築に使う資材を確保するため、庶民の入山が禁止されていました。そのため豊かな樹林が今も残っているのです。

海岸沿いの道に出ると、真っ青な海と岩礁のすばらしい景色が広がっています。三ツ石海岸は伊豆半島や伊豆大島などが眺められる絶景スポット。磯遊びを楽しむ家族連れの姿も多く見られます。たっぷり時間をとってゆっくりしていきたいところです。

再び樹林の中の道を進みます。多少アップダウンはあるものの、歩きやすい道が続きます。岬入口バス停からは車道歩きになります。車の往来に気をつけながら、海岸沿いの道を進み、いくつも漁船が並ぶ真鶴港がゴール。バスで真鶴駅に向かいましょう。

真鶴はおいしい海の幸が味わえる店が点在していて、琴ケ浜や真鶴港周辺に海鮮料理の味わえる店があります。散策の帰りに立ち寄ってみてもよいでしょう。

❶青々とした海が広がる三ツ石海岸から三ツ石を望む　❷心地よい常緑樹の森　❸貴船まつりでも知られる貴船神社

### 食 真鶴魚《さかな》座《ざ》

真鶴漁港のすぐそばに建つ和食レストラン。明るく海の眺めのよい店内で、1階の魚市場で仕入れた新鮮な魚介類を、ボリュームたっぷりの定食や、具だくさんの丼などで味わうことができる。

神奈川県真鶴街真鶴1947-2 TEL0465-68-6511

- 🚃：ＪＲ東海道線真鶴駅から伊豆箱根バス20分、中川一政美術館バス停下車
- ▶：中川一政美術館バス停（20分）三ツ石海岸（40分）岬入口バス停（25分）真鶴港
- WC：三ツ石海岸など数カ所にあり
- ！：海沿いの遊歩道は、悪天候時や波が高いときは立ち入らないように
- 問：真鶴町役場
  TEL0465-68-1131
  伊豆箱根バス
  （小田原）
  TEL0465-34-0333

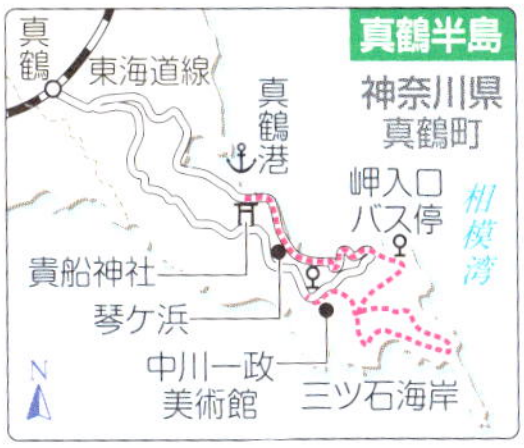

埼玉県

## 花咲く里山の原風景

# ユガテ

ゆがて

300m　1時間50分

標高約300メートルの山の中に広がる山上集落、ユガテ。現在は農家が2軒、この地で生活しています。里山の原風景に会いに出かけましょう。「ユガテ（湯ケ天または湯ケ手）」という不思議な響きを持つ名称の由来は諸説あります。かつてこの地は湯が湧き出ていたのが、あるときから出なくなった（湯が天に昇ってしまった）という説のほか、いずれも「湯」に関係するようです。

　西武池袋線東吾野《ひがしあがの》駅からスタート。はじめは高麗《こま》川沿いに進み、道標に従って里山風景の中を歩いていきます。レトロな木の道標があちこちにつけられているので安心です。国指定重要文化財の阿弥陀堂が建つ福徳寺は、初夏には境内をアジサイが彩ります。さらに舗装道路を進んでいくと、ユガテへの看板があるので右折。

　この先から山道に。杉林のなか、ゆっくりと登っていきます。舗装されてはいませんが、歩きやすい道が続いています。しばらく進んでいくと視界が開け、畑のある平地に飛び出します。ユガテに到着です。

　低い山々に囲まれた平地には、畑が広がり、山の風景と一体になった民家の庭は、春になるとさまざまな花木で彩られます。畑を覆う黄色い菜の花と、サクラの淡いピンク色、まさに桃源郷の趣です。ゆっくり景色を楽しんでいきましょう。くれぐれも畑や民家の庭には立ち入らないように。帰りは来た道を戻って東吾野駅へ向かいます。

❶シダレザクラや菜の花が咲く4月上旬のユガテ　❷福徳寺の本堂、梅雨時はアジサイも咲く　❸お地蔵様が山道への目印

観

福徳寺

東吾野駅からユガテへ向かう道中に建つ寺で、創建は鎌倉時代の建暦2(1212)年。武蔵野三十三観音霊場の第30番札所でもある。阿弥陀堂には県指定の重要文化財である阿弥陀三尊像がまつられ、年2回の御開帳で拝観できる。

埼玉県飯能市虎秀71

電車：池袋駅から西武線急行で1時間15分、東吾野駅下車

コース：東吾野駅（10分）福徳寺（50分）ユガテ（40分）福徳寺（10分）東吾野駅

WC：ユガテにあり

注意：西武線は1時間に約2本の運行

問：飯能市役所
TEL 042-973-2111

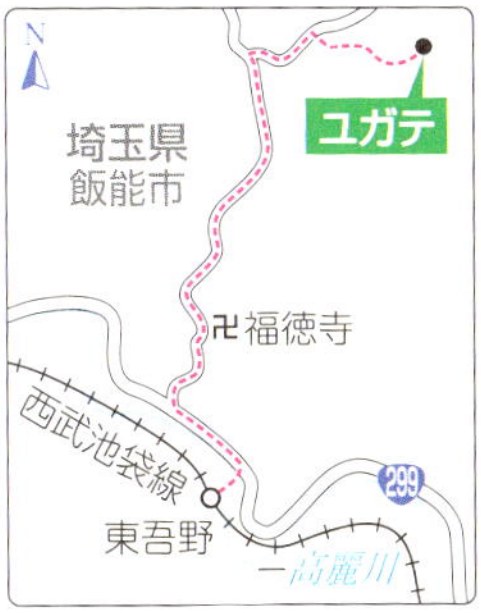

神奈川県

## 気楽に楽しむ横浜の森

# 大丸山

おおまるやま

157m　2時間05分

新緑の美しい季節。気軽に散策が楽しめる横浜の森に出掛けましょう。目指すのは横浜市最高峰の大丸山です。

港南台駅から大通りを進み、港南台5丁目交差点のすぐ先、消防署の手前の路地からいっしんどう広場を目指します。舗装道路が山道に変わると、一気に深い森の雰囲気に。歩きやすく整備された山道が続いています。いっしんどう広場にはベンチやテーブルがあるので休んでいきましょう。天気がよければ富士山も眺められます。

ここからは快適な尾根歩き。アップダウンもそれほどなく、樹林を楽しみながら歩けます。道が分岐するところは「金沢市民の森」方面へ進みます。この辺りは「市民の森」として整備・公開され、誰でも歩いて楽しむことができるのです。すぐそばに住宅街があるとは思えない、心地よい森が続きます。

大丸山の看板が出てきたら、左手の階段をひたすら上っていきます。かなり急な上りなので、ゆっくり、休みながら行きましょう。がんばった分、山頂からの景色はすばらしく、八景島や房総半島が見渡せます。広々とした山頂でのんびり休みましょう。

階段を下ってもとの登山道に出たら、「自然観察センター」を目指して尾根道を下ります。途中に小さな湿原もあり、しつらえられた木道を歩きながら湿原の動物や植物の観察もできます。

❶横浜市内とは思えない豊かな広葉樹の森が広がる　❷ベンチやテーブルもあるいっしんどう広場でひと休み
❸大丸山の山頂は眺めがよい

観

自然観察センター

「横浜自然観察の森」の中にあり、横浜自然観察の森で見られる動物や植物について、展示物などをまじえて分かりやすく解説している。自然観察道具の貸出などもおこなっているほか、イベントも随時実施。

神奈川県横浜市栄区上郷町1562-1 TEL045-894-7474

：ＪＲ根岸線港南台駅下車

：港南台駅（50分）いっしんどう広場（40分）大丸山（30分）自然観察センター（5分）横浜霊園前バス停

WC：いっしんどう広場手前、自然観察センターにあり

：横浜自然観察の森のサイトからガイドマップがダウンロードできる

問：横浜市役所みどりアップ推進課
TEL045-671-2624
神奈川中央交通（横浜）
TEL045-891-7111

埼玉県

## 義経伝説残る展望の峠

# 顔振峠

かあぶりとうげ

500m　2時間05分

**趣** ある樹林と峠からの展望が楽しめるのが顔振峠。「顔振」の名の由来は、源義経とその主従が、兄である源頼朝に追われて奥州に落ち延びる際にこの地を通り、周囲の景色のよさに振り返りながら歩いたという説と、あまりの急坂に弁慶があごを出し、首を振りながら歩いたという説があります。

　コースの前半は車道歩き。あちこちに道標が立っていて、「顔振峠」方面に進んでいきます。集落を抜け、しばらく進んでから本格的な山道に入ります。はじめはスギやヒノキの樹林が続き、登っていくうちに広葉樹が増え、景色がよくなってきます。春先ならサクラやツツジ、ミツマタなどが花を咲かせて、まさに桃源郷の趣。山々が目の高さに広がってくるようになれば、顔振峠まではあと一息の道のりです。

　車道が横切り、かつての風情を感じるのは難しくなっていますが、奥武蔵の山々が屏風《びょうぶ》のように連なる景色に心が和みます。

　道路沿いには茶店が向かい合って並んでいます。登山道を上ったところに建つのは顔振茶屋と平九郎茶屋。さらに数分車道を進むと、手打ちそばで人気の富士見茶屋があります。うどんやそばなどの軽食のほか、春は山菜、秋はキノコなど季節ごとの山の幸が味わえ、旬の味を目当てに訪れる常連客も多いです。

　峠の眺めや、山里のおいしいものを満喫したら、来た道を辿《たど》って吾野《あがの》駅へ戻ります。

❶顔振峠から望む奥武蔵の山々　❷顔振峠へ向かう登山道、春はサクラやハナモモなどが咲く　❸道の両側に茶店が建つ

食

### 平九郎茶屋

奥武蔵グリーンライン沿い、顔振峠に建つ茶店。眺めのよい店内からは奥武蔵の山々が一望できる。定番のうどん、そばのほか、春は山菜の天ぷらなど季節の食材を使った料理が人気。お茶請けのきゅうりも美味。

埼玉県飯能市長沢1562

TEL 042-978-1525

- ：池袋駅から西武線で1時間30分、吾野駅下車
- ：吾野駅（35分）登山道入り口（30分）顔振峠（1時間）吾野駅
- WC：顔振峠にあり
- ：歩き慣れた人なら、顔振峠から黒山三滝方面に下山するのも一案
- 問：飯能市役所 TEL 042-973-2111

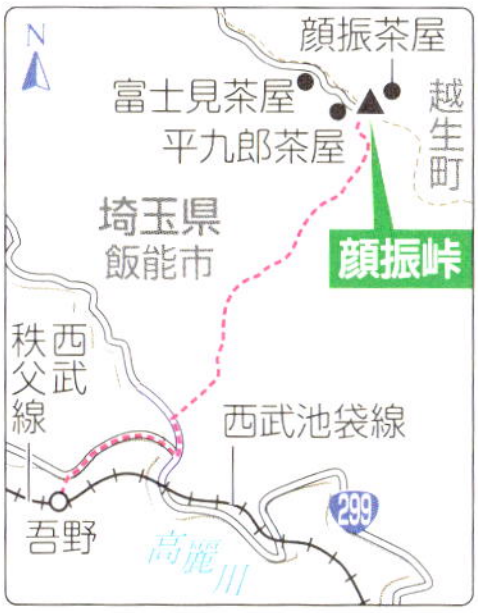

神奈川県

## 新緑と展望の尾根歩き

# 高麗山

こまやま

168m　2時間15分

大磯駅を基点に湘南平から高麗山へ周回するルートは、湘南アルプスの別名もある人気ルート。新緑の心地よい樹林と、相模湾の展望を楽しめます。

　大磯駅から登山口の高田公園までは、「湘南平」への道標をたよりに住宅街を進みます。少し急な上りもありますが、道の途中から相模湾が見渡せるので、ゆっくりゆっくり歩いていきましょう。高田公園の右手から山道へ。シイやカシなど暖かい地方に多い常緑樹や、コナラなどの広葉樹が見られます。

　小さなアップダウンを繰り返しながら登っていくと高麗山と湘南平の分岐に。湘南平はすばらしい展望ポイント。相模湾が一望でき、天気に恵まれれば大島も眺められます。北西の方向には丹沢の山々。きれいな三角形の山は大山です。いくつか展望台があるので上ってみましょう。

　湘南平から来た道を戻り、尾根道を進みます。心地よい樹林の中にはところどころにベンチやテーブルがあり、格好の休憩ポイントとなっています。緑に囲まれてのんびりティータイムを過ごすのも気持ちがよさそうです。

　三角点のある浅間山、ベンチのある八俵山を経て高麗山へ。見晴らしはありませんが広々とした山頂です。ここからは高来神社を目指して進みます。急で足場の悪いところもあるので、十分注意して下ります。高来神社からは道標に従って大磯駅へ向かいます。

❶湘南平から丹沢の山々を望む。きれいな三角形の山は大山
❷湘南平の紅白の鉄塔は途中まで上れる
❸高来神社の社殿

食

**パンの蔵**

大磯駅から徒歩３分、地元でも人気の高いパンの店。食パンや惣菜パン、菓子パンなど種類が豊富に揃っている。厳選した素材を使い、丁寧に作られたパンはどれも味わい深く、山おやつ、山ご飯にも最適だ。

神奈川県大磯町大磯995-13
TEL0463-61-4441

電：ＪＲ東海道線大磯駅下車
▶：大磯駅（50分）湘南平（10分）浅間山（20分）高麗山（25分）高来神社（30分）大磯駅
WC：高田公園、高来神社にあり
ⓘ：散策後、大磯駅から大磯港に足を延ばしても。漁協直営の食事どころも人気
問：大磯町役場 TEL0463-61-4100

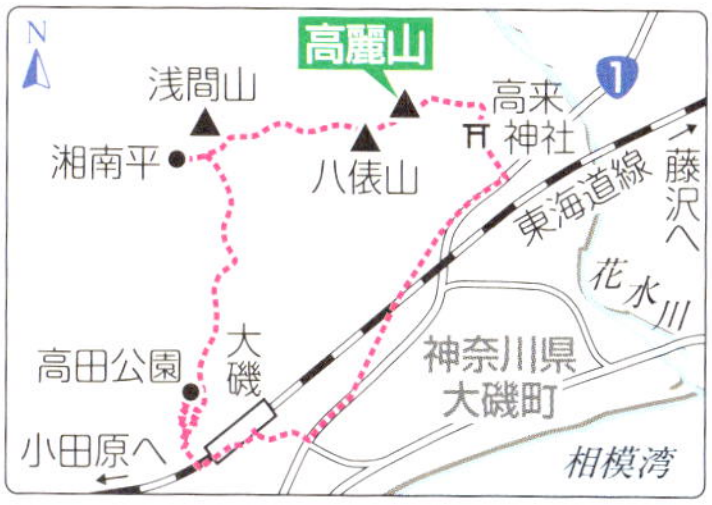

栃木県

## 花と緑の湖畔の道

# 中禅寺湖

ちゅうぜんじこ

1300m　1時間20分

日光・男体山の噴火によりできた中禅寺湖は、奥日光の人気観光スポットのひとつ。周囲25キロの湖畔は散策路が設けられて一周することができます。初夏の花をめでる、いいとこ取りの湖畔散策はいかがでしょう。

戦場ケ原の入り口、赤沼から低公害バスを乗り継ぎ、車窓から小田代ケ原の風景を楽しみながら千手ケ浜へ。千手ケ浜は例年5月下旬～6月中旬にクリンソウの群落が見頃を迎えます。青々とした草原の中に咲くピンク色の花が目立ちます。

千手ケ浜からは「菖蒲ケ浜」への道標に従って進みます。しっかりとした山道で、前半は上り道が続きます。心地よい広葉樹の樹林で、右手に湖が広がっています。美しい砂浜の熊窪で高山へ向かう登山道と分かれ、湖畔の道をさらに進みます。春先にはトウゴクミツバツツジが咲き競い、壮観です。ところどころから水をたたえた湖面が眺められるスポットも。展望が開けたところで一息ついていきましょう。

赤岩からは下り道。日光プリンスホテル跡の先で湖から離れて車道を進んでいき、国道に出たらほどなくゴールの竜頭ノ滝に到着します。流れ落ちる美しい滝が、散策のフィナーレを飾ります。滝のそばには茶店もあるので、ゆっくり休んでいくとよいでしょう。

ちなみに中禅寺湖は遊覧船も運航しています。千手ケ浜や菖蒲ケ浜からも乗ることができ、湖から周辺の山々の眺めを楽しむのも一興です。

❶千手ケ浜から望む中禅寺湖と男体山　❷千手ケ浜のクリンソウ。ピンクの花がよく目立つ　❸竜頭ノ滝をミツバツツジが彩る

食

**龍頭之茶屋**

竜頭ノ滝の入り口に建つ茶店。滝を間近に望む絶好のロケーションが自慢だ。名物の施無畏（せむい）だんごは、よもぎとあんこの風味が絶妙なおぐらと、やさしい甘みのみたらしの2種類。レトロな雰囲気の土産物店も併設。
栃木県日光市中宮祠2485
TEL 0288-55-0157

交：東武日光駅から東武バス1時間10分、赤沼で低公害バスに乗り換えて30分、千手ケ浜下車
歩：千手ケ浜バス停（50分）赤岩（30分）竜頭ノ滝バス停
WC：千手ケ浜、竜頭ノ滝付近にあり
注：低公害バスは4月下旬～11月末までの季節運行。ダイヤは最新の時刻表で確認を
問：日光市観光協会日光支部 TEL 0288-54-2496
東武バス日光（日光） TEL 0288-54-1138

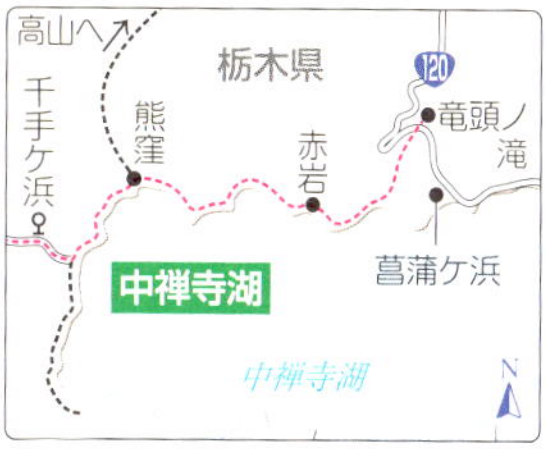

群馬県・長野県

斜面彩るレンゲツツジ

# 湯の丸高原

ゆのまるこうげん

1850m 1時間10分

山にツツジのお花見に出掛けましょう。山に自生するツツジはさまざまな種類がありますが、レンゲツツジは標高2千メートル前後の高原に多く見られるツツジ。大きめの朱色の花がよく目立ちます。湯の丸高原では、見事なレンゲツツジの群落が見られます。

駐車場のある地蔵峠からスタート。スキー場の斜面を登っていきます。リフト沿いに登山道がつけられていますが、最初からかなり急な登りが続きます。周りの景色を眺めながら、ゆっくり、ゆっくり歩いていきましょう。登り切ると道はやや平《へい》坦《たん》になります。目の前に見えるこんもりとした山が湯ノ丸山です。どんどん進んでいくとあずまやがあり、すぐ先で道が十字に分かれます。

右に進むとつつじ平へ。60万株のレンゲツツジが山の斜面を埋め尽くし、花の見頃には斜面が赤く染まります。散策路が整備されていて、満開の花の中を歩くことができます。

例年の見頃は6月中旬から7月上旬にかけて。開花時期に合わせてつつじ祭りも開催され、特産品の販売などが行われています。花風景を楽しんだら、周回ルートをたどって地蔵峠に向かいましょう。

山歩きの経験と装備があれば、湯ノ丸山まで足を延ばすこともできます。分岐から山頂までは、やや急な登りを詰めて、40分ほどの道のり。南峰と北峰があり、いずれも北アルプスをはじめとする360度の展望が楽しめます。

❶山の斜面がレンゲツツジの朱色で彩られる　❷山のツツジの中では大ぶりの花姿　❸夏はリフトも運行している

湯

**湯の丸高原ホテル**

自然に囲まれたロケーションが魅力の、湯の丸スキー場直営のリゾートホテル。地元の旬の食材を生かした料理も好評だ。自慢の天然温泉は日帰り入浴でも楽しむことができ、サウナ付きの展望風呂と檜の露天風呂が快適。
長野県東御市湯の丸高原
TEL0120-060376

電：しなの鉄道小諸駅からタクシー40分、地蔵峠下車
▶：地蔵峠（30分）つつじ平分岐（40分）地蔵峠
WC：地蔵峠にあり
！：周辺の温泉宿などをベースにして山歩きと観光を楽しむ1泊2日の山旅がおすすめ。夏季はJR佐久平駅～湯の丸高原の観光路線バスが1日2便運行
問：東御市役所 TEL0268-62-1111
千曲バス（小諸）TEL0267-22-2100

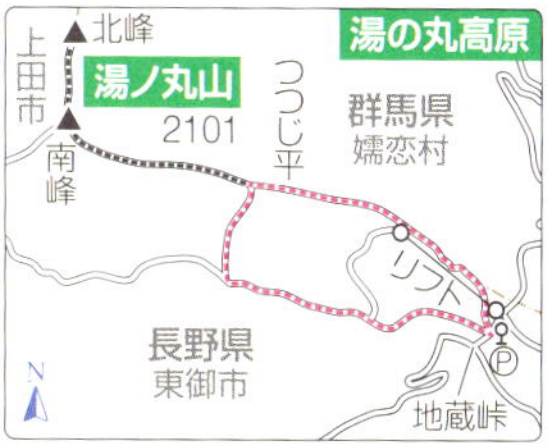

ゆる山
コラム
01

気持ちよく歩くために知っておきたい

# 山歩きのお約束

楽しく山を歩くための「山歩きのルール」。どれも難しくない、誰にでもできることなので、ぜひ覚えておいてほしいです。

## 決められた道を歩く

基本的に歩いてよいのは登山道だけ。湿原には木道が設けられていることが多いですが、こちらも歩いてよいのは木道の上だけです。林床の草花や木の新芽は、人に踏まれると簡単にうしなわれてしまいます。厳しい自然の中で育つ命を大切にしてあげたいものです。

安全面からも「登山道を歩くこと」は大切です。整備されていない山の斜面に足を踏み入れたり、ロープが張られた危険個所を乗り越えることは、道迷いや転落事故にもつながります。

## ごみを捨てない

山の中にごみ箱はないので、ごみはすべて自分で持ち帰ります。意図的に山の中にごみを捨てる人はあまりいないと思いますが、ポケットに入れておいたアメの袋やティッシュなどの小さなごみが登山道に落ちてしまうことはよくあります。ごみはごみ袋に入れてまとめておくようにすることをおすすめします。

## すれ違い

整備されていない散策路や登山道では、足場のよくない狭い道で、人とすれ違う場合も多いです。

歩きながらすれ違うのが難しいような狭い道のときは、いったん立ち

止まって道をあけて、対向者を通してあげます。そのとき、待つ（譲る）側は、すれ違いやすい安全な場所を選んで避けるようにします。さらに、山道で崖側が斜面になっているようなところでは、必ず山側（崖側でないほう）に避けます。崖側で避けていると、対向者や自分がバランスを崩したときに、山道から落ちてしまう危険性があります。

## あいさつをする

山というのは不思議なもので、すれ違うときに登山者どうしが「こんにちは」と声をかけあいます。もちろん義務ではありませんが、慣れてくると自然と口にするようになります。すれ違った相手から声をかけられたら、こちらも臆せずに、顔をあげて「こんにちは！」と応えてみましょう。

## 山のトイレ事情

基本的に、山の中にはトイレはないと考え、見つけたら立ち寄るようにします。山の中の公衆トイレは、トイレットペーパーがない場合も多々あります。水に流せるタイプのティッシュペーパーを常備しておくと便利です。

山や山岳リゾート地の公衆トイレは、100～200円程度の清掃協力金を払って入るチップトイレが多いです。山の中ではトイレを綺麗に維持管理するのにも費用がかかります。きちんとチップを払い、気持ちよく使いたいものです。

# 夏

涼を求めて、山へ出かけましょう。
木漏れ日を浴びてきらきら輝く渓谷や、
しぶきをあげて流れ落ちる滝。
水辺の空気はどこかひんやりとしていて心地よく
響き渡る水音とあいまって、
体の中を清らかな水が流れていくようです。

苔むした沢沿いの道

# 御岳山ロックガーデン

みたけさんロックガーデン

929m　2時間20分

涼を求めて沢沿いの遊歩道を歩きませんか。御岳山ロックガーデンは豊かな水と緑が楽しめる初夏〜夏におすすめの好ルート。パワースポットとして人気の高い御岳山登山と合わせて楽しみます。

ケーブルカー山頂の御岳山駅から、まずは御岳山の山頂を目指します。コンクリート舗装の道路ですが、なかなかの急斜面、侮れません。山頂には武蔵御嶽神社の朱塗りの荘厳な社殿が建っていますのでお参りをしていきましょう。御朱印をいただくこともできます。参拝を済ませたら、山頂からいったん来た道を戻り、「岩石園・ロックガーデン」の道標に従って進みます。

長尾平で登山道が分岐するので、まずは大岳山への道へ。山の斜面につけられた、比較的平坦《へいたん》な歩きやすい道を進みます。途中で「鍋割山」方面に分岐しますが、ここは登らずにしばらく進むと大きなあずまやがある分岐へ。沢を渡ってロックガーデン方面に進みます。すぐに現れるのが綾広《あやひろ》の滝。落差10メートルほど、滝行にも使われる滝です。綾広の滝から天狗《てんぐ》岩あたりまでが「ロックガーデン」と呼ばれています。苔《こけ》むした岩、沢のせせらぎ、見上げれば木漏れ日まぶしい広葉樹の林。心地よい散策路が続きます。途中、あずまやのある広場でゆっくり休憩していくとよいでしょう。

天狗岩を過ぎると登山道はだんだん沢から離れていきます。緩やかに登っていくと往路で通った登山道に合流するので、来た道を戻ります。

❶沢沿いの散策路は夏でも涼しげ　❷御岳山の山頂に建つ武蔵御嶽神社　❸梅雨どきは苔や草花もみずみずしい

買

滝本駅売店

御岳山ケーブルカー山麓駅の売店。地元の特産品やケーブルカーグッズなどをお土産に求めることができる。ここでしか買うことができないおすすめはきびもち大福。やさしい甘みで、登山中のおやつにも最適。

東京都青梅市御岳山2-483

TEL0428-78-8121

交：ＪＲ青梅線御嶽駅から西東京バスで10分、ケーブル下下車。徒歩5分でケーブルカー乗り場へ

コース：御岳山駅（30分）御岳山（30分）綾広の滝（20分）天狗岩（30分）長尾平（30分）御岳山駅

WC：ケーブルカーの各駅、長尾平など数カ所

注：飛び石で沢を渡るところもあるので、増水時はロックガーデンを歩かないこと

問：青梅市役所

TEL0428-22-1111

西東京バス（氷川）

TEL0428-83-2126

御岳登山鉄道

TEL0428-78-8121

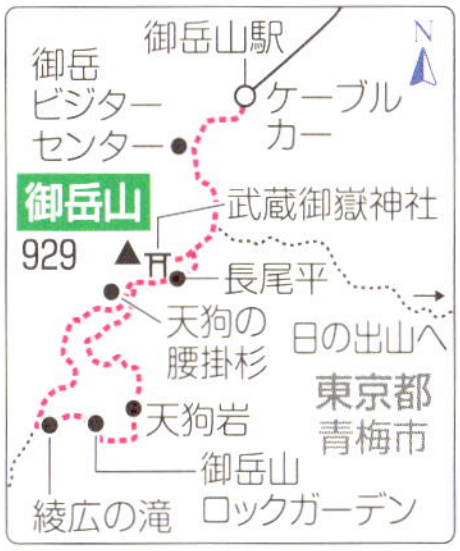

神奈川県

温泉も楽しみな渓谷歩道

# 箱根・堂ケ島渓谷

はこね・どうがしまけいこく

450m　0時間45分

梅雨時でも楽しめる渓谷歩道ハイキング。ご案内するのは箱根・堂ケ島渓谷です。

箱根登山鉄道と並行するように流れる早川沿いに湧く堂ケ島温泉。残念ながら現在、堂ケ島温泉の入浴施設はありませんが、この一帯の渓谷沿いに遊歩道が整備されています。

6月半ばから7月上旬にかけては、箱根登山鉄道のアジサイも見頃を迎えます。観光と合わせて、散策を楽しんでみてはいかがでしょう。

スタートは木賀《きが》温泉入口バス停から。「堂ケ島渓谷入口」の小さな看板を目印に進みます。石段を交えながらやや急な坂を下っていきますが、滑りやすいところもあり、注意が必要です。桜橋のつり橋を渡り、渓谷に出たら、沢沿いにつけられた道を進んでいきます。

沢の音が心地よく響き渡り、木々の緑が目にしみるよう。すぐそばを国道が走っているにもかかわらず、深い森の中の雰囲気です。それほど人も多くなく、静かな散策を楽しめます。発電所の建物から先は深い樹林の中をゆるやかに下ります。

夢窓《むそう》橋の近くには、多くの庭園を手がけた臨済宗の僧侶・夢窓国師の山居跡も。夢窓橋を渡ったら、コンクリート舗装の道を上り、宮ノ下駅を目指します。

下山後は温泉で汗を流し、散策の余韻にひたっていきたいもの。箱根は関東有数の温泉地。日帰り入浴施設が各地に点在していますし、日帰り入浴に対応している温泉宿も多いです。

①せせらぎを耳にしながら明るい広葉樹の林を歩く　②つり橋の桜橋を渡る　③夢窓国師の山居跡には再建された庵が建つ

湯

### 弥次喜多の湯

箱根湯本駅から徒歩4分、6つの風呂を持つ湯泊まりの宿で、日帰り入浴にも対応している。内湯と露天・半露天風呂があり、柔らかい肌触りの湯で山歩きの疲れを心地よく癒やせる。グループなら個室利用も可能（有料）。
神奈川県箱根町湯本694
TEL0460-85-6666

：箱根登山鉄道箱根湯本駅から箱根登山バスまたは伊豆箱根バス25分、木賀温泉入口下車

：木賀温泉入口バス停（20分）桜公園（10分）夢窓橋（10分）堂ケ島渓谷入口（5分）宮ノ下駅

WC：宮ノ下駅のみ

：6月、あじさい電車の時季は電車も道路も混雑する

問：箱根町役場 TEL0460-85-7111
箱根登山バス（小田原）TEL0465-35-1271
伊豆箱根バス（小田原）TEL0465-34-0333

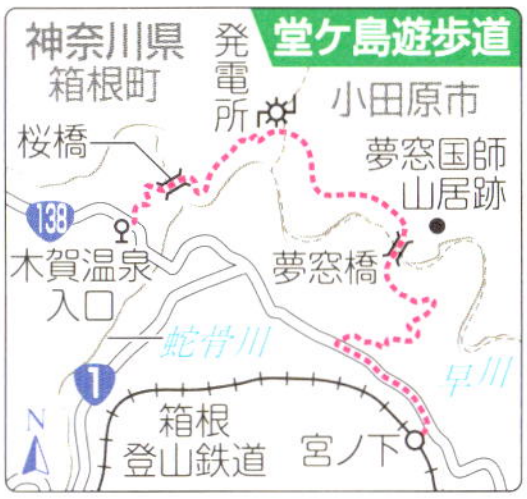

栃木県

## ニッコウキスゲに囲まれて

# 霧降高原

きりふりこうげん

1582m　2時間10分

日光市街の北側に位置する、標高1300~1600メートルに広がる霧降高原は、ニッコウキスゲの群生地として知られています。かつてはリフトがありましたが、現在はキスゲ平として整備され、天空回廊と名付けられた1445段の階段と遊歩道がしつらえられました。草花をめでながらのんびりと散策ができます。山間の冷涼な気候でたびたび発生する霧が、ニッコウキスゲをはじめとする多くの高山植物を育んでいるのです。

スタートは霧降高原レストハウスから。小丸山に向けて真っすぐに階段が延び、その階段をジグザグと横切るように遊歩道があります。往路は遊歩道を使い上っていきましょう。歩きはじめには、レンゲツツジやドウダンツツジなどの花木が多く見られます。草原の斜面は6月はニッコウキスゲの花々で黄色い絨毯《じゅうたん》のようです。さらに草むらを注意深く眺めれば、さまざまな小さな草原の花が探し出せるはずです。

しばらく進むと避難小屋があり、その先からは天空回廊の階段を上っていきます。なかなか急な上りですが、だんだん眺めもよくなり、天気に恵まれれば富士山や東京スカイツリー、東京の高層ビル群まで見渡せます。展望デッキが点在しているので、一息つきながら景色を楽しんでいきましょう。

小丸山展望台が今日の最高到達地点。ここからは天空回廊の階段を下って、レストハウスに向かいます。

❶ニッコウキスゲの見頃は6月中旬～下旬　❷遊歩道の両側にも花が咲き乱れる　❸階段は小丸山展望台まで続いている

### 霧降高原レストハウス

霧降高原バス停前に建つレストハウス。1階は休憩・展示コーナーで、見られる花の案内などを受けられる。2階はレストランで、味わい深いコーヒーや名物のとちぎ霧降高原牛カレーなどを味わえる。

栃木県日光市所野1531

TEL 0288-53-5337

交：ＪＲ日光駅または東武日光駅から東武バス26分、霧降高原下車

歩：霧降高原バス停（60分）避難小屋（25分）小丸山展望台（45分）霧降高原バス停

WC：レストハウスにあり

！：霧降高原レストハウスは売店やレストランのほか、自然情報等の展示も行う。散策前に立ち寄りたい

問：日光市観光協会
日光支部
TEL 0288-54-2496
東武バス日光（日光）
TEL 0288-54-1138

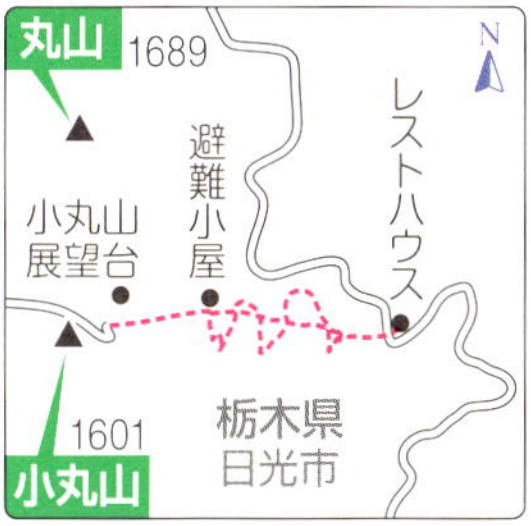

東京都

## 樹林を埋めるアジサイ

# 南沢あじさい山

みなみさわあじさいやま

300m　2時間00分

山に咲くアジサイを見に行きませんか。東京都あきる野市、深沢地区にある南沢あじさい山は、1万株のアジサイが彩る名所。〝花咲か爺《じい》さん〟こと南澤忠一さんが50年近い年月をかけて、丹精込めて育てました。例年の花の見頃は6月半ばから7月上旬です。

武蔵五日市駅からは、里山の雰囲気を味わいながら歩いて40分ほどの道のり。「南沢あじさい山」「深沢小屋」への道標があちこちにつけられ、迷わず向かうことができます。道路わきにアジサイが多く見られるようになってくると、あじさい山の入り口はもうすぐ。入山料を払い、入山しましょう。

針葉樹林が一面のアジサイで覆われていて、ため息が出るような美しさ。青、紫、白、ピンクなど色とりどりに咲き乱れ、ガクアジサイやヤマアジサイなど、花の種類もさまざまです。山の中につけられた散策路なので多少のアップダウンはありますが、よく整備されて快適に歩けます。晴れている日もよいですが、薄曇りや雨上がりで霧にけむっているときもまた幻想的な雰囲気が楽しめるでしょう。

山の散策を終えたら、来た道を戻って武蔵五日市駅に向かいます。体力に余裕があれば、アジサイのお花見とあわせて巨樹めぐりもいかがでしょう。山の入り口から30分ほどの道のりで、山抱きの大樫《かし》、千年の契り杉という、いずれも樹齢400年以上といわれる巨樹が見られます。

❶針葉樹林の中に咲き乱れるアジサイ　❷満開のアジサイが迫り来るような遊歩道　❸あじさい山への道標はとんがり帽子の小人

深沢小屋

南沢あじさい山の入り口近くに建つ、木造の雰囲気が心地よい山小屋。樹林に囲まれたテラス席で、うどん、そばなどの軽食のほか、喫茶メニューが味わえる。また、予約制でピザ作り体験もできる（有料）。

東京都あきる野市深沢371

TEL 042-595-1806

：JR五日市線武蔵五日市駅下車

：武蔵五日市駅（40分）南沢あじさい山入口（散策40分）南沢あじさい山入口（40分）武蔵五日市駅

WC：南沢あじさい山にあり

：あじさいの開花状況や入山料の金額は南沢あじさい山のサイトで確認できる

問：あきる野市役所 TEL 042-558-1111

茨城県

## 西行法師が絶賛した風趣

# 袋田の滝

ふくろだのたき

190m　0時間50分

涼を求めてゆる山歩き、日本三名《めい》瀑《ばく》のひとつ、袋田の滝をご案内します。

高さ120メートル、幅73メートルで、4段に流れ落ちる滝。この滝を見た西行法師が、四季に一度ずつ来てみなければ、真の風趣は味わえないと絶賛したといわれ、「四度の滝」という別名もあります。新緑、紅葉、結氷、さまざまな魅力がありますが、夏は深い緑の中で水しぶきをあげて流れ落ちる滝に涼やかさを感じます。

滝本バス停から、土産物屋が立ち並ぶ車道を進み、滝見橋を渡って観瀑トンネルへ向かいます。入り口で入場料を支払い、トンネルを進み、突き当たりにあるのが第1観瀑台。最下段の滝が間近に眺められて迫力満点。滝の水しぶきがあたり一面に漂い、夏でも辺りはひんやりとしています。

第1観瀑台の向かいにあるエレベーターから、さらに上にある第2観瀑台へ行くことができます。こちらから見えるのは滝の最上段。下から眺めるだけでは分からない、スケールの大きさを感じられます。

帰りは来た道を戻ってもよいのですが、滝の下流にかかるつり橋を渡り、渓流散策コースを歩いてみてもよいでしょう。途中の分岐で展望台方面の階段を上っていくと、滝を遠目に眺められるビューポイントへ。茶店や売店もあるので、滝や周りの緑を眺めながらゆっくりくつろいでもよいでしょう。

❶黒々した岩と水流のコントラストが美しい　❷第２観瀑台からは滝の全容が眺められる　❸観瀑トンネルへの遊歩道

湯

**袋田温泉 思い出浪漫館**

袋田の滝の入り口に建つ温泉ホテルで、日帰り入浴も可能。広く快適な内風呂と、渓谷を望む露天風呂があり、美肌の湯としても知られる良質の温泉をのんびりと楽しめる。個室休憩と昼食付きのプランもあり。

茨城県大子町袋田978

TEL 0295-72-3111

- 🚌：ＪＲ水郡線袋田駅から茨城交通バス10分、滝本下車または袋田駅から徒歩40分
- ▶：滝本バス停（15分）観瀑トンネル入り口（5分）観瀑台（30分）滝本バス停
- WC：滝本バス停、観瀑トンネル入り口など数カ所あり
- P：車利用の場合、バス停手前に町営無料駐車場がある
- 問：大子町観光協会 TEL 0295-72-0285
  茨城交通（大子）TEL 0295-72-0428

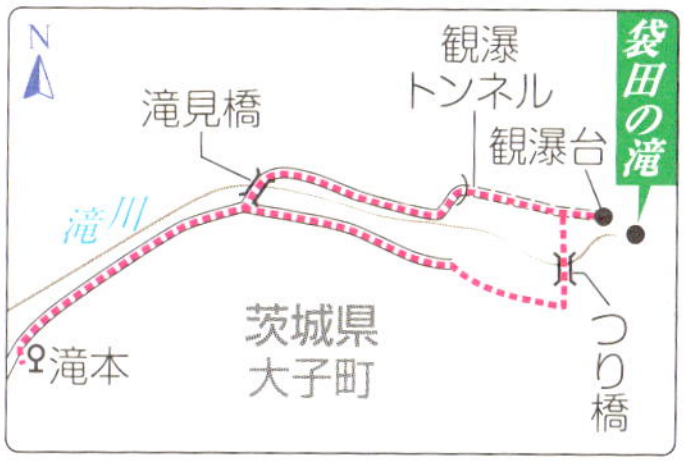

群馬県

## ロープウエーからお花畑

# 谷川岳天神平

たにがわだけてんじんだいら

1502m　0時間30分

爽やかな風や可憐《かれん》な高山植物を求めて、夏のゆる山歩きに出かけましょう。ご案内するのは谷川岳。山頂までは岩場もある険しい道のりで、登山専用の装備や歩く技術が必要な山ですが、谷川岳ロープウェイを利用して、山頂駅の天神平周辺で山の雰囲気やお花畑を楽しむことができます。

　まずは谷川岳ロープウェイで10分の空中散歩。車窓からの景色を楽しみながら、天神平に向かいましょう。ロープウェイ山麓駅からは、登山道を右に見ながら、天神峠ペアリフトに進みます。小さなリフトに揺られて山頂の天神峠に降り立つと、すばらしい景色が広がっています。展望台からは谷川岳のふたつのピーク（トマノ耳、オキノ耳）がくっきりと見渡せ、周囲の山々も一望のもとです。谷川岳の左側に連なるのは仙《せん》ノ《の》倉《くら》山、平標《たいらっぴょう》山など上越国境の山々です。

　天神峠周辺には高山植物の種類が多く、さまざまな花が楽しめます。雪解け直後の5月にはミズバショウやカタクリ、そして7月に見頃を迎えるのはニッコウキスゲ。黄色い花が青々とした草原を彩ります。天神峠からはリフトでも下れますが、散策路を天神平駅まで歩いてみましょう。ピンク色のハクサンコザクラやショウジョウバカマ、真っ白いコバイケイソウ、オレンジ色のクルマユリ、夏の盛りを過ぎて咲くシモツケソウ……。ゆっくり、足元に目をやりながら進めば、草地の中に色とりどりの花が見られるでしょう。

❶天神峠から谷川岳を望む　❷鳥居が立つ天神峠展望台
❸夏はニッコウキスゲなど高山植物の種類も多く楽しめる

### 湯テルメ谷川

町営の日帰り温泉入浴施設。男女別に大浴場と露天風呂があり、木々に囲まれた中で川のせせらぎを聞きながら入る露天風呂が心地よい。内湯では泉質の異なる3つの源泉を楽しめる。
群馬県みなかみ町谷川514-12
TEL 0278-72-2619

：ＪＲ上越線水上駅から関越交通バスで25分、谷川岳ロープウェイ下車。天神平へは谷川岳ロープウェイで10分
：天神平（リフト5分）天神峠（散策30分）天神平
WC：天神平にあり
：天神峠で見られる高山植物の開花情報は谷川岳ロープウェイのサイトで見ることができる
問：みなかみ町観光協会
TEL 0278-62-0401
関越交通（水上）
TEL 0278-72-3135
谷川岳ロープウェイ
TEL 0278-72-3575

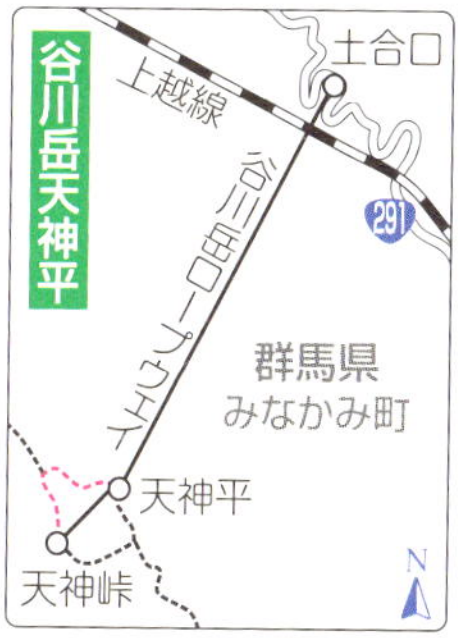

長野県

## 苔と針葉樹の森を歩く

# 白駒池

しらこまいけ

2115m　1時間10分

美しい苔《こけ》の森を見に行きませんか？　北八ケ岳は美しい原生林と苔の名所。なかでも人気が高いのが白駒池です。日本には約1800種類の苔が生息し、そのうちの485種類を白駒池周辺で見ることができるといわれます。

茅野駅から季節運行のバスに乗り、終点の白駒の池からスタート。15分ほど山道を進むと白駒池のほとりにたどり着きます。青々とした水をたたえた小さな池。青苔《せいたい》荘と白駒荘、2軒の山小屋が立ち並んでいます。池の周りには散策路が整備され、1周することができます。

池の周辺はコメツガやシラビソなどの原生林。林床には真っ青な苔が絨毯《じゅうたん》のように広がっています。木の根や溶岩を覆うように生える苔が、神秘的な雰囲気をかもし出します。晴れた日に樹林から木漏れ日が差し込む様子も素敵《すてき》ですが、うっすらと霧がかかり幻想的な風景になるのもよいものです。ガスや霧雨の日は苔のみずみずしさも際立ちます。

黙々と歩けば1周40～50分ほどの道のりですが、立ち止まって苔を眺めたり、森の雰囲気を堪能しながらのんびり歩きたいもの。周辺の山小屋では、苔の観察ツアーも開催していて、説明を受けながら苔の世界を楽しむことができます。池を一周したら、来た道を戻りバス停に向かいましょう。

湿って足場の悪いところもあるので、トレッキングシューズや登山用の服装が快適です。

❶青々とした水をたたえた白駒池　❷周囲は苔と針葉樹が幻想的な風景を作り出す　❸さまざまな種類の苔が見られる

食

白駒荘

白駒池のほとりに建つ山小屋。ビジター向けの喫茶・食事メニューがあり、自家製野菜を使ったカレーや天ぷらなどが人気。池の景色を眺めながら、自家焙煎のコーヒーと、名物の食用ほおずきを使ったスイーツで一息つくのもいい。

TEL 090-1549-0605

🚌：ＪＲ中央線茅野駅からアルピコバスで約1時間20分、白駒の池下車

▶：白駒の池バス停（15分）青苔荘（1周45分）青苔荘（10分）白駒の池バス停

WC：白駒の池バス停、青苔荘にあり

！：バスは7月中旬～10月中旬まで、1日3往復。マイカー利用の場合、麦草峠、白駒の池バス停周辺に駐車場あり

問：佐久穂町役場

TEL 0267-86-2525

アルピコ交通

（茅野駅前）

TEL 0266-72-2151

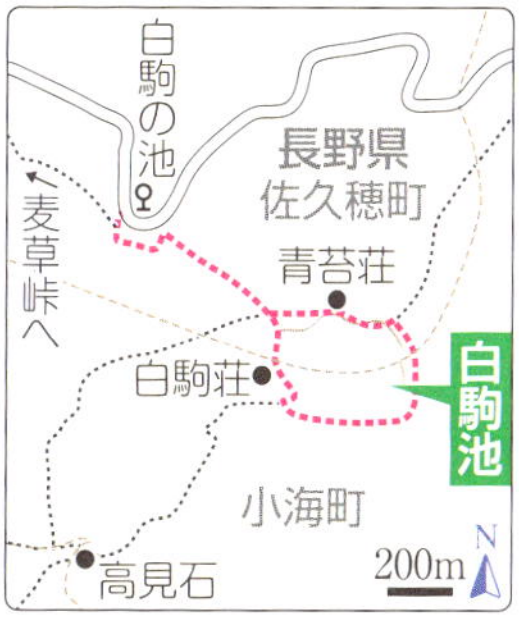

新潟県

## ロープウエーで雲上の花園

# 湯沢高原アルプの里

ゆざわこうげんあるぷのさと

1000m　1時間00分

暑さの厳しい夏、山の冷涼な空気と高山植物を求めるゆる山歩きに出掛けませんか。越後湯沢駅近くにある湯沢高原アルプの里は、さまざまなアウトドアアクティビティが楽しめる雲上の別天地。夏はさまざまな花に彩られています。

越後湯沢駅からロープウエー乗り場までは、温泉街をぶらぶら歩いて10分弱。ロープウエーの車窓からは周囲の山々の景色も楽しめます。山頂駅に降り立ったら、舗装された散策路を歩いて、高山植物園を目指しましょう。

春から秋にかけて、200種類以上もの花々が咲き、自然に近い景観で育てられている山の植物を眺められます。高山植物園の一角には、標高2500メートル以上で見られる植物を植栽したロックガーデンもしつらえられています。高山植物は6月半ばから7月上旬が見頃。7月中旬～8月中旬には大ユリ園の花々が競うように咲き誇ります。8月中旬～下旬にかけては、少しずつ初秋の花が咲き始める頃。ハクチョウソウやツリガネニンジン、レンゲショウマなどが園内を彩ります。

体力に自信がある人は、トレッキングコースに挑戦してみるのもよさそうです。すてきなブナ林を巡る1時間程度のコースや、展望のすばらしい大峰山頂を目指す健脚向けコースなどがあります。

散策を楽しんだらロープウエーで下山。山麓駅にある天然温泉の日帰り入浴施設「コマクサの湯」で汗を流していくのもよいでしょう。

❶すばらしい眺めが広がる山頂駅の展望デッキ　❷約５万株のユリが咲く大ユリ園　❸珍しいブルーポピーも見られる

湯

コマクサの湯

湯沢高原ロープウェイの山麓駅にある日帰り温泉施設。明るく眺めのよいガラス張りの大浴場でゆったりと汗が流せる。ナトリウム・カルシウム塩化物温泉の湯は体がよく温まる。入浴後は無料休憩スペースもあり。

新潟県湯沢町大字湯沢490

TEL 025-784-3326

- 🚃：ＪＲ上越新幹線越後湯沢駅から徒歩８分、湯沢高原ロープウェイ７分でアルプスの里へ
- ▶：ロープウェイ山頂駅（散策１時間）ロープウェイ山頂駅
- WC：園内に数カ所あり
- ⚠：標高が高いので、防寒・日よけ対策として薄手の長袖シャツなどがあるとよい
- 問：湯沢高原パノラマパーク
  TEL 025-784-3326

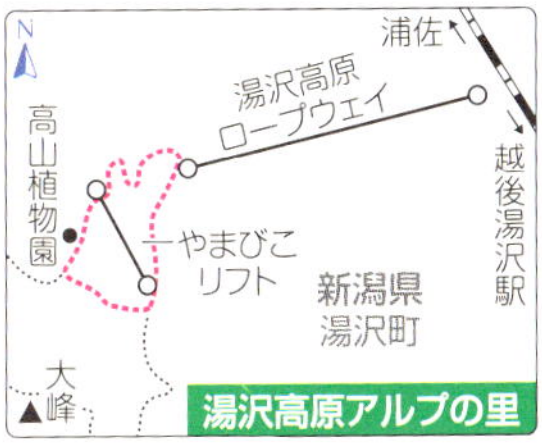

長野県

## 日本アルプスを一望

# 美ケ原

うつくしがはら

2034m　2時間10分

涼を求めて高原に行きましょう。

美ケ原は、のびやかな草原風景と北アルプスの絶景が楽しめる、日本百名山の一つです。最高峰は標高２０３４メートルの王ケ頭《おうがとう》。散策ルートがいくつかありますが、もっとも手軽に歩ける山本小屋からのルートをご案内します。

道は基本的に車も通る広い砂利道です。草原の丘につけられた道をのんびりと歩いていきます。歩き始めてすぐ、左手に見えるのは八ケ岳の山々。天気に恵まれれば富士山も眺められます。一帯は牧草地になっていて、牛がのんびりと寝そべったり、草をはむ姿に癒やされます。

美ケ原のシンボル、美しの塔を過ぎ、塩くれ場の先から、少し傾斜が出てきます。散策路の脇には草原の小さな草花が咲き乱れていて、その数約２００種類。季節が進むごとに見頃の花はどんどん移り変わっていきます。夏の終わりに咲くヤナギランやマツムシソウの群落も美しいものです。

周りの景色を見ながら歩いていくと、最高地点の王ケ頭に到着します。山頂には王ケ頭ホテルが建ち、さらに電波塔が林立しています。北アルプスや北信の山々を間近に眺め、中央、南アルプスや八ケ岳など、日本の高峰が見渡せる、文字通り３６０度の大展望。

帰りは来た道を戻ります。時間に余裕があれば王ケ頭から片道20分ほどの王ケ鼻まで足を延ばすとよいでしょう。松本市街を見下ろす絶景が広がっています。

のびやかな丘に立つ美ケ原のシンボル・美しの塔

泊

**王ケ頭ホテル**

美ケ原・王ケ頭の山頂に建つリゾートホテル。標高2000mを超える高所にあり、日本アルプスの絶景や雲海などが楽しめるのが魅力。浴室からの眺めもよく、天気に恵まれれば湯船から富士山も眺められる。
長野県松本市入山辺8964
TEL 0263-31-2751

車：長野自動車道岡谷ICから約1時間で山本小屋駐車場へ

歩：山本小屋（20分）美しの塔（50分）王ケ頭（40分）美しの塔（20分）山本小屋

WC：山本小屋駐車場などにあり

バス：王ケ頭ホテルの宿泊者はJR松本駅からの送迎あり。松本から山本小屋方面への路線バスはハイシーズンのみの運行

問：松本市観光温泉課 TEL 0263-34-8307
アルピコ交通（松本）TEL 0263-32-0910

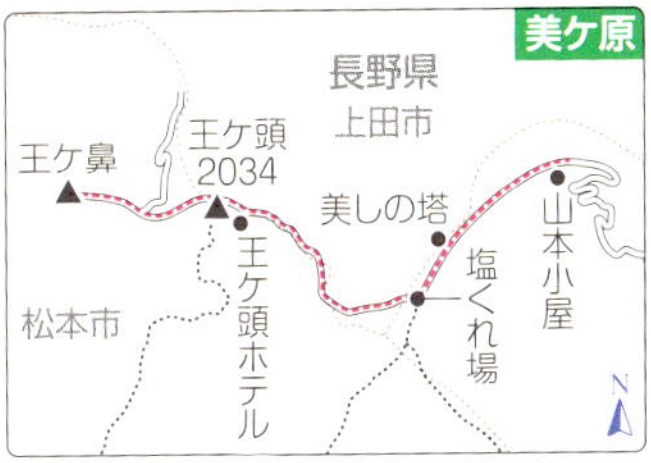

長野県

夏でもとけない雪の谷

# 白馬大雪渓遊歩道

しろうまだいせっけいゆうほどう

1560m　2時間20分

標高2932メートルの白馬岳《しろうま》は、北アルプスの花の名山として人気が高い山です。登山のルートとして多くの人が登るのが、白馬大雪渓。夏でもとけることのない雪が谷を埋め尽くしています。白馬岳登山は技術と体力が必要ですが、大雪渓を「見に」いってみませんか。本格的な山道や沢沿いの道もあるので、登山専用の服装やトレッキングシューズが望ましいです。

登山口の猿倉から、樹林帯の中を歩いていきます。少し急な山道の登りもあるので、ゆっくりのんびりと。ところどころで歩きやすい広い砂利道に出ます。登山道の周りには草原の草花の姿も見られます。木々の丈が少し低くなってくると、白馬岳周辺の山々が目の前に見えてきます。斜面に一部雪がついているのも見られます。

どんどん歩いていくうちに、白馬尻小屋に到着。大きな岩に「おつかれさん！　ようこそ大雪渓へ」の手書きの文字に癒やされます。小屋の前にテーブルやベンチもしつらえられていますから、ゆっくり休んでいきましょう。

小屋からさらに5分ほど登山道を進むと、大雪渓の取り付きに到着。雪渓がずっと山に向かって続き、雪の上を多くの登山者が列をなして歩いているのが眺められます。登山者はここで靴に軽アイゼンを取り付けますが、ゆる山歩きはここで終了。雪渓から吹いてくる涼しい風を感じ、山々の雄大な眺めを堪能したら、来た道を戻りましょう。

❶大雪渓の取り付き。山が両側から迫り、雪渓が続いているのが分かる　❷白馬尻小屋に到着
❸木道の上を歩くところも

### 白馬村の日帰り温泉

白馬村は5つの源泉が湧く温泉天国。温泉が楽しめる日帰り入浴施設もあちこちにある。白馬駅から猿倉に向かう道中に湧くのが白馬八方温泉。駅から徒歩10分のみみずくの湯では、八方尾根越しに白馬三山が眺められる露天風呂が自慢だ。

：ＪＲ大糸線白馬駅からアルピコ交通バス30分、猿倉下車

：猿倉バス停（1時間20分）大雪渓取り付き（1時間）猿倉バス停

WC：猿倉バス停、白馬尻小屋にあり

：大雪渓の雪の状況は日々変わるので、現地で必ず確認を

問：白馬村観光局 TEL0261-72-7100
アルピコ交通（白馬）TEL0261-72-3155

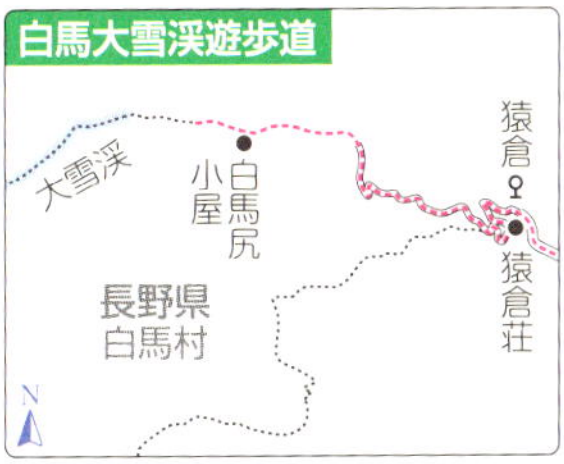

長野県

## 湿原を彩る花々を満喫

# 栂池自然園

つがいけしぜんえん

1900m 1時間40分

夏休みを利用して、高山のお花畑を訪ねてみませんか。北アルプス北部、白馬乗鞍岳の中腹に位置する栂池自然園は標高約1900メートルに広がる湿原。6月1日から10月31日までの開園期間には、さまざまな湿原植物を眺めることができます。初夏の6月から8月にかけては花の種類が多く、秋には草紅葉が湿原を彩ります。

ロープウェイ自然園駅からは舗装された坂道を上り、ビジターセンターで入園料を支払い、散策路に入りましょう。ビジターセンターでは園内の高山植物についての展示解説も行っていますので、立ち寄っていくとよいでしょう。

園内には木道が整備されていて、快適に歩くことができます。広大な湿原はいくつかのパートに分かれていて、歩き始めてすぐ現れるのはミズバショウ湿原。雪解け直後にミズバショウの群生が眺められます。さらに進んでいくと、ワタスゲやニッコウキスゲのお花畑が美しいワタスゲ湿原へ。7月下旬から8月上旬が見頃で、黄金色のニッコウキスゲ、白く小さな穂が風に揺れるワタスゲが魅力的です。

7月は最も花の多い時期。形の大きな花、群落になっている花が目立ちますが、湿原をじっくり眺めてみるとさまざまな小さな花が咲いていることが分かります。

ワタスゲ湿原を反時計回りに周回するように進んで再びミズバショウ湿原に戻り、ロープウェイ自然園駅に戻りましょう。

❶背後に白馬の山々が眺められるのびやかな湿原　❷夏は花の種類も豊富　❸花姿が愛らしい純白のキヌガサソウ

湯

### 栂の湯

栂池高原のゴンドラ山麓駅にある温泉の日帰り入浴施設。男女別に大浴場と露天風呂があり、源泉掛け流しの温泉を満喫できる。入浴後には無料の休憩スペースで一息つけるのも嬉しい。
長野県小谷村大字千国乙12840-1
TEL0261-71-5111

- 交：ＪＲ大糸線白馬駅からアルピコ交通バス25分、栂池高原下車。ゴンドラ、ロープウエーで自然園駅へ
- コース：自然園駅（10分）ビジターセンター（散策１時間20分）ビジターセンター（10分）自然園駅
- WC：ロープウエー各駅、ビジターセンターに
- ！：体力と時間に余裕があるなら最奥の展望湿原まで足を延ばしたい
- 問：栂池山荘
  TEL0261-83-3113
  白馬観光開発（栂池）
  TEL0261-83-2255
  アルピコ交通（白馬）
  TEL0261-72-3155

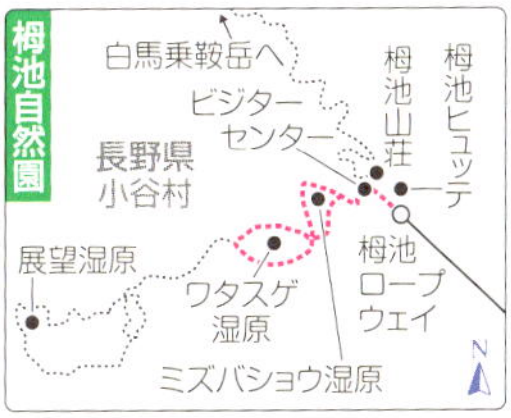

東京都

## 清涼感あふれる沢沿いの道

# 百尋の滝

ひゃくひろのたき

814m　3時間10分

涼を求めて山奥の滝を見にいきませんか。奥多摩にそびえる、登山者に人気の高い川苔《かわのり》山（川乗山）、その中腹に百尋の滝があります。美しい姿の滝で、この滝を見るためだけに訪れる登山者も多いのです。険しい山道の歩行もありますから、登山専用の靴や装備などをご用意ください。

　川乗橋バス停をスタートし、細倉橋までは車道歩きが続きます。針葉樹の林の中、ゆるやかに上っていきます。細倉橋から山道が始まると樹林は広葉樹の林になります。足元が砂地で滑りやすいところ、登山道がやや細くなっているところもありますから、十分注意して進みます。

　歩くうちに沢が間近になり、何度か沢を木の橋で渡りながら進みます。ところどころ小滝がかかり、見上げれば色を濃くした樹林から木漏れ日がキラキラと輝いています。苔《こけ》むした石が日本庭園のようでもあります。とはいえ、雨でぬれていると木の橋や石は滑りやすくなるので注意しましょう。

　山道が傾斜を増し、対岸に断崖が見えてくるとほどなく百尋の滝に到着します。落差25メートルの滝は静かに、滑らかに水が岩壁を流れ落ちています。滝壺近くまで近づくと、水しぶきが霧のように降り掛かり、真夏でもひんやりとした空気があたりに漂います。心ゆくまで美しい滝を味わっていきましょう。

　帰りは来た道を通り、川乗橋バス停を目指します。

①夏でもひんやりした空気が漂う美瀑・百尋の滝　②広葉樹の森が美しい川乗谷。紅葉の時期も見事　③細倉橋から登山道へ

食

PORT Okutama

JR奥多摩駅の駅舎の2階にあるカフェ&待ち合いスペース。線路や電車を眺めながらコーヒーやケーキで一息つけるカウンターが特等席だ。登山グッズやかわいらしい雑貨なども販売していて、店内を歩き回るのも楽しみ。

東京都奥多摩町氷川210

TEL 0428-83-8160

：ＪＲ青梅線奥多摩駅から西東京バス15分、川乗橋下車

：川乗橋バス停（50分）細倉橋（50分）百尋の滝（40分）細倉橋（50分）川乗橋バス停

WC：細倉橋にあり

：登山口周辺にはコンビニや自動販売機はないので、バスに乗る前に飲み物や行動食の調達を

問：奥多摩町役場

TEL 0428-83-2111

西東京バス（氷川）

TEL 0428-83-2126

長野県

## 植物彩るハート形の湿原

# 八島ケ原湿原

やしまがはらしつげん

1640m　1時間40分

ニッコウキスゲの群落で知られる霧ケ峰の北西部に広がる八島ケ原湿原は、日本を代表する高層湿原のひとつ。400種類以上もの貴重な湿原の植物が見られます。夏は可《か》憐《れん》な花々が湿原を彩り、秋は鮮やかな草紅葉が広がります。

湿原を一周する散策路が整備されていますので、八島湿原バス停を起点に周回してみましょう。はじめに八島ビジターセンターでハイキングマップや見られる植物の情報を集めていくとよいでしょう。舗装道路をくぐって看板のある広場に立つと、周りを山々に囲まれた八島ケ原湿原の全体が見渡せます。景色を堪能したら整備された木道を歩きます。小さな島がぽつぽつと浮かぶ八島ケ池を右手に見ながら進んでいきます。

道沿いの湿原地帯は、7、8月が花の盛り。8月を過ぎると濃いピンク色のヤナギランやアカバナシモツケ、真っ白く大きなシシウドなどの花がよく目立ちます。

青々とした水をたたえた鎌ケ池を過ぎると、いったん湿原地帯から離れ、広い砂利道になります。砂利道の終点、旧御射山《みさやま》遺跡そばに建つヒュッテみさやまで、一息ついていくのもよいでしょう。「八島ビジターセンター」への道標に従って再び湿原に戻り、花や緑を愛《め》でつつ木道を進んでいきます。

時間と体力に余裕があれば、車山から八島湿原への縦走も一案です。車山まではリフトでアクセスでき、夏の花々が咲き乱れる、眺めのよい丘を歩いて八島湿原へ向かいます。

のびやかに広がる湿原は、車山から連なる山々に囲まれている。ところどころにある池塘が空の色を映している

観

### 霧ケ峰高原

車山から鷲ケ峰にかけて、なだらかな草原状の山々がつらなる高原地帯。深い霧で覆われることが多いのが名前の由来だという。夏はさまざまな草花に彩られ、なかでも7月のニッコウキスゲの群落は見応えがある。富士山や八ケ岳、日本アルプスの山々の眺めもよい。

- ：ＪＲ中央線上諏訪駅からアルピコ交通バスで50分、八島湿原下車
- ：八島湿原バス停（25分）鎌ケ池（30分）ヒュッテみさやま（45分）八島湿原バス停
- WC：八島湿原バス停にあり
- ：八島湿原へのバスは春〜秋の土休日を中心とした特定日のみの運行。バス会社のサイトで運行日の確認を
- 問：下諏訪観光協会 TEL 0266-26-2102
  アルピコ交通バス（岡谷駅前）TEL 0266-22-4641

ゆる山コラム02

山の余韻を楽しみ続ける

# 「山みやげ」はいかが？

山歩きを楽しんだら、楽しい山の記念に、頑張った自分へのご褒美に、そこでしか買うことができない「山みやげ」はいかがでしょう。素敵な山みやげは、楽しかった山の記憶を呼び覚ましてくれます。

## 手ぬぐい・バンダナ

山小屋や山麓の売店などで売っている、オリジナルの手ぬぐいやバンダナ。山の稜線と山名が書かれただけのレトロな雰囲気のものから、しゃれたイラストやデザインのものまでさまざまです。

手ぬぐいやバンダナは、山歩きのときに汗をふくだけでなく、首や頭に巻くこともでき、実用と同時にちょっとしたおしゃれのポイントにもなります。家ではタペストリーとして飾ることもできます。

## 山バッジ

登頂記念に買い求める人が多い、昔ながらの山みやげです。好きな山のバッジをリュックサックや帽子につけて歩いている人もよく見られます。山の姿や高山植物をあしらったデザインが多いです。かつてはレトロないぶし銀風のバッジが主流でしたが、今はカラフルなものも。こちらも山小屋や山麓の売店で販売しています。

## 絵はがき

山並み、山頂からの風景、高山植

物や動物などが描かれた絵はがきは、山のみならず観光地のおみやげの定番です。素敵な写真のはがきをフォトフレームに飾ったり、山好きの友人への便りに使ったりしてみてはいかがでしょう。

また、富士山など山頂や山頂近くに郵便局があるところなら、買い求めた絵はがきを使って親しい友人に「山からの便り」を出すのもおつなもの。メール全盛の時代ですが、手書きのメッセージの入った、風景印入りの絵はがきを旅先からもらうのは嬉しいものです。

## 新鮮野菜

地元産の新鮮な野菜や果物などを買って帰り、自宅で調理して食べるのもよいものです。山麓の農産物直売所や道の駅などで買うことができますが、私が好きなのは登山道に向かう途中にあるような無人直売所。

とれたばかりの旬の野菜が並んでいると、嬉しくて手に取ってしまいます。山歩きのあとに立ち寄ると時間が少し遅く、既に商品が売りつくされていることも多いので、ちょっとした運試し気分も味わえます。

## 地酒

「谷川岳」「大雪渓」「八海山」など、山の名前や地名がつけられた地酒もあります。山の清冽な水でていねいに仕込まれたお酒で、山の余韻をほろ酔い気分で楽しむのはいかがでしょう。パッケージがしゃれたものもあり、酒好きの友人へのおみやげにもおすすめです。

# 秋

よく晴れた日、山へ出かけましょう。
赤や黄色に色づいた葉は
陽の光を受けてより鮮やかに輝きます。
高い山の草紅葉を皮切りに、
ゆっくりと麓に向かって紅葉は進んでいきます。
山があでやかな衣装をまとっているようです。

火山が造り出した沼

# 五色沼

ごしきぬま

830m　1時間30分

明治21（1888）年の大噴火で山の一部が崩れ、周辺に大きな被害を及ぼした会津・磐梯山《ばんだいさん》。火山噴火が造り出した地形は、今もあちこちで見ることができます。磐梯山の北山麓、裏磐梯は川がせき止められたり水が湧きだしたりしてできた池や沼が多く見られます。

　大小30以上の沼からなる五色沼湖沼群は、エメラルドグリーンやコバルトブルーなどさまざまな色の沼が点在。五色沼自然探勝路が整備され、いくつかの沼を眺めながら散策が楽しめます。

　散策路入り口にある裏磐梯ビジターセンターで、自然の情報などを得てから歩き始めましょう。はじめに現れるのは五色沼最大の毘沙門沼。青々とした沼の向こうに磐梯山の荒々しい山姿が見られます。ボートを漕《こ》ぐ人々の姿もあります。

　毘沙門沼からは本格的な自然散策路に。明るい広葉樹の林で、木漏れ日が心地よく降り注ぎます。ところどころ石が露出して歩きにくいところがありますが、基本的に木道が整備されていたり、広い砂利道だったりと歩きやすい道が続きます。

　周辺の草木が鉄サビ色に染まった赤沼、不思議な色合いのみどろ沼、青白く光る青沼などがあり、沼のビューポイントにはベンチや看板が設けられ、目印になります。

　最後に現れる柳沼を過ぎると、ゴールの裏磐梯高原駅バス停に到着します。バスを待つ間に、裏磐梯物産館でおみやげ探しをするのもよいでしょう。

❶るり沼からの眺め。沼越しに見えているのは磐梯山　❷毘沙門沼は五色沼最大の沼。ボートなどで遊ぶ人も　❸広葉樹に囲まれた快適な散策路

観

**磐梯山噴火記念館**

磐梯山の歴史や地質、自然、国内外の火山に関する情報を展示解説する資料館。磐梯山の噴火100年を記念して造られた。磐梯山をはじめとする火山の成り立ちや自然について楽しく学ぶことができる。福島県北塩原村桧原字剣ケ峰1093-36

TEL 0241-32-2888

バス：ＪＲ磐越西線猪苗代駅から磐梯東都バス30分、五色沼入口下車

コース：裏磐梯ビジターセンター（10分）毘沙門沼（40分）弁天沼（40分）裏磐梯高原駅バス停

WC：五色沼入口、裏磐梯高原駅バス停にあり

注意：猪苗代駅～裏磐梯方面の路線バスは1時間に約1本の運行。ダイヤは最新の時刻表で確認を

問：裏磐梯観光協会 ☎0241-32-2349
磐梯東都バス（猪苗代磐梯）☎0242-72-0511

福島県・群馬県

## 沼の向こうに燧ケ岳

# 尾瀬沼

おぜぬま

1660m　3時間00分

本州でも最大規模の高層湿原、尾瀬。湿原が広がる尾瀬ケ原と、青々とした水をたたえた尾瀬沼が代表的な景観地です。燧《ひうち》ケ岳の噴火によってできた尾瀬沼は、夏のニッコウキスゲの群落が見どころですが、初秋、金茶色に染まる草原もすばらしいです。

沼山峠バス停をスタートし、木の階段を上り、木道を進んでいきます。沼山峠展望台からは、木々の間から尾瀬沼が眺められます。展望台から尾瀬沼まではゆるやかな下り道。下り切ると広々とした大江湿原に出ます。黄色く色づいた草原が、陽光にきらめいています。夏に訪れればニッコウキスゲやヤナギランが美しいところです。

尾瀬沼の湖畔に出たら、木道を歩いて三平下まで進みましょう。沼越しに眺める燧ケ岳の雄大な姿が印象的です。条件に恵まれれば、水面に山の姿が映る「逆さ燧」も眺められるでしょう。景色を十分に楽しんだら、来た道を戻って沼山峠へ向かいます。

尾瀬沼は一周できるように木道が整備されていて、一周およそ2時間半。湖畔の山小屋に1泊して、尾瀬沼を満喫するのもよいでしょう。

木道歩きが多いといっても、標高2000メートル近い山岳エリア。登山用の服装・装備で行きましょう。標高は高く朝晩は涼しいですし、天気の悪い日は体感温度も低くなります。薄手のダウンジャケットや手袋などの防寒対策も忘れずに。

❶尾瀬沼東岸から燧ヶ岳を望む　❷ニッコウキスゲの群落が美しい大江湿原　❸初夏の湿原を彩るワタスゲ

観

**ミニ尾瀬公園**

尾瀬の自然の雰囲気を気軽に体験できる公園。檜枝岐から尾瀬方面へ向かう沼田街道沿いにあり、ミズバショウやニッコウキスゲ、コマクサなど尾瀬や近隣の山々に咲く草花を間近に見ることができる。

福島県檜枝岐村左通124-6

TEL 0241-75-2065

🚌：野岩鉄道会津高原尾瀬口駅から会津バス2時間、沼山峠下車

🚶：沼山峠バス停（1時間）尾瀬沼ビジターセンター（20分）三平下（1時間40分）沼山峠バス停

WC：沼山峠、三平下などにあり

🅟：マイカーの場合は、尾瀬御池〜沼山峠の区間はマイカー規制があり、シャトルバス利用になる

問：尾瀬檜枝岐温泉観光協会

TEL 0241-75-2432

会津バス

TEL 0242-22-5560

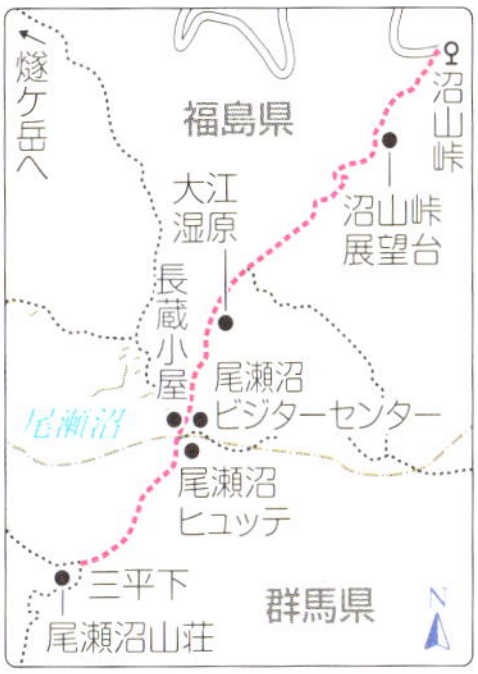

東京都

水と緑が楽しめる遊歩道

# 御岳渓谷

みたけけいこく

240m　1時間00分

関東近郊の低山の色づいた木々を眺めるハイキングに出掛けましょう。東京都、多摩川の上流に位置する御岳渓谷は、川沿いに遊歩道が整備されていて、水と緑の風景を楽しめます。

スタートは軍畑《いくさばた》駅から。多摩川沿いに続く青梅街道を進み、途中で道標に従って階段を下り、多摩川沿いの遊歩道に入ります。よく整備されて歩きやすい道で、川のせせらぎが心地よく響きます。

しばらく進むと、奥多摩の地酒として知られる「澤乃井」を製造する酒蔵、小澤酒造の敷地へ。庭園「澤乃井園」でひと休みしていきましょう。休憩できるあずまやなどのほか、軽食・売店コーナーもあります。紅葉した庭園も風情たっぷりです。

ここからさらに遊歩道を進んで御嶽駅へ向かいます。澤乃井園から小さな楓橋を渡って対岸へ進むとすぐに、趣あるお堂の寒山寺があります。渓谷を右手に眺めながら散策路を進み、鵜の瀬橋で対岸に渡ります。

清流と広葉樹の開放的な河原沿いの道からは、大きな岩を登るクライマーや、川でカヤックを楽しむ人の姿も見られます。ところどころにあるベンチやあずまやで一息ついていくとよいでしょう。つり橋の御岳小橋で多摩川を渡ると玉堂美術館があります。自然を愛し、人を愛した日本画の巨匠・川合玉堂の作品を展示しています。

御岳橋まで来れば、御嶽駅まではわずかの道のりです。

❶御岳小橋からの眺め。澄んだ水が美しい　❷ラフティングを楽しむ人々の姿も　❸山寺の趣たっぷりの寒山寺

### 小澤酒造

奥多摩の清冽な水で日本酒を造り続ける酒造で、代表的な銘柄が「澤乃井」。酒蔵の見学も随時行っており、無料で見学できる。多摩川の眺めがよい庭園「澤乃井園」や食事処もあり。JR沢井駅から徒歩5分。
東京都青梅市沢井2-770
TEL0428-78-8215

- ：ＪＲ青梅線軍畑駅下車
- ：軍畑駅（30分）澤乃井園（30分）御嶽駅
- WC：軍畑駅、澤乃井園などにあり
- ：小澤酒造で酒蔵見学を楽しむ場合、御嶽駅には進まずに小澤酒造から徒歩5分の沢井駅でゴール
- 問：青梅市役所 TEL0428-22-1111

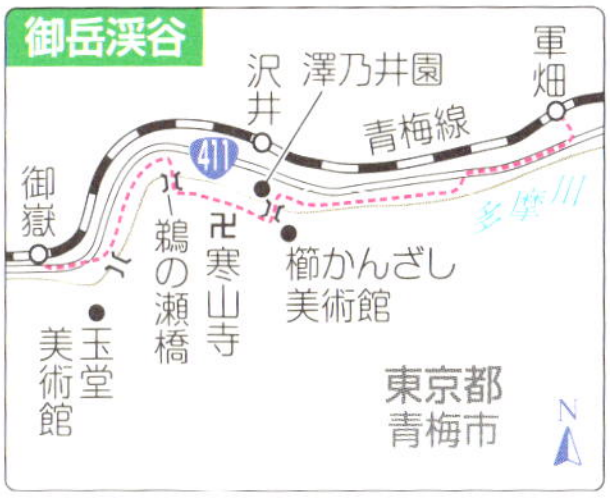

山梨県

## 絶景望むパワースポット

# 石割山

いしわりやま

1412m　2時間30分

富士山が頭に雪をかぶり始めると、富士山を眺めて楽しむ「富士見登山」の季節の始まりです。山中湖のほとりにそびえる石割山は、富士山を間近に望む絶景が自慢の山です。登山道を歩く行程が長く、高低差もある「ちょっと頑張る山」。トレッキングシューズなど歩きやすい服装で、よく晴れた日を狙って出掛けましょう。

　平野バス停から車道を歩いて登山口を目指します。赤い鳥居をくぐると長い石の階段に。体力温存、ここはゆっくりゆっくり歩きましょう。上り続けるとあずまやのある富士見平に到着します。ここから本格的な山道に。木々の間から富士山がちらちらと眺められます。比較的ゆるやかな道を歩いていくと大きな岩がご神体という石割神社に到着。しめ縄が張られた大きな岩、時計回りに3回まわると幸運が訪れるというパワースポットです。

　神社から石割山の山頂までは20分ほどの道のりですが、やや急な登りで、木の根をつかんで登ったり、岩っぽいところもあります。頑張って登り切り、広々とした山頂に立つと、裾野を広げた雄大な富士山が目に飛び込んできます。富士山の麓に広がる緑は青木ケ原樹海。青々とした水をたたえた山中湖も景色のアクセントに。時間を忘れて見入ってしまいます。

　帰りは来た道を戻ります。体力と時間に余裕があれば、隣の平尾山まで足を延ばして平野バス停に戻ってもよいでしょう。

❶石割山の山頂からは富士山、山中湖が間近に眺められる ❷登山口には赤い鳥居が ❸石割神社。巨岩には立派なしめ縄が

湯

**紅富士の湯**

山中湖の湖畔近くに建つ温泉の日帰り入浴施設。広くガラス張りの大浴場からも、風情たっぷりの日本庭園風の露天風呂からも富士山が眺められる。露天風呂は石の湯と檜の湯の2種類。食事どころや売店もあり。

山梨県山中湖村山中865-776 TEL0555-20-2700

バス：富士急行富士山駅から富士急山梨バスで35分、平野バス停下車。新宿から平野行きの高速バスもあり

コース：コースタイム　平野バス停（25分）鳥居（50分）石割神社（20分）石割山（40分）鳥居（15分）平野バス停

WC：平野バス停、鳥居にあり

注意：標高が高く、冬は積雪があることも。12～3月は軽アイゼンなど専用の装備を用意して

問：山中湖村役場
TEL0555-62-1111
富士急山梨バス
TEL0555-72-6877

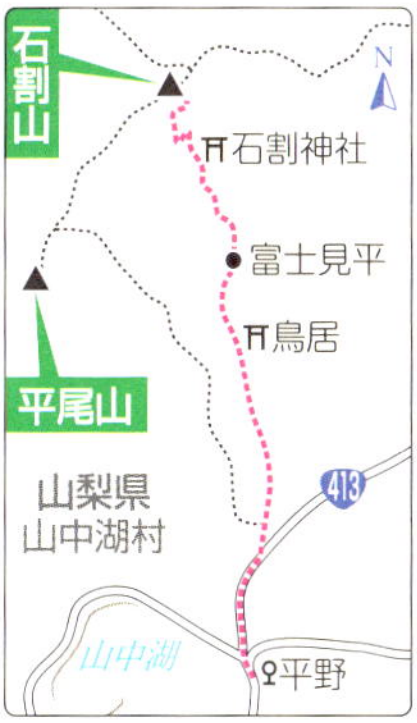

神奈川県

## 優美な滝眺め、展望の頂へ

# 箱根浅間山

はこねせんげんやま

802m　1時間50分

関東でも人気の高い山岳観光地、箱根。登りごたえのある低山から歴史の楽しめる散策路まで、一年を通じてさまざまな姿が楽しめるのが魅力です。そのなかでも比較的短時間で山頂に立てる箱根浅間山を歩いてみましょう。

小涌谷駅から千条《ちすじ》の滝までは、舗装道路から砂利道歩き。ところどころで現れる道標を見落とさないように進みます。幅20メートル、高さ4メートルほどの千条の滝は、苔《こけ》むした岩肌をいく筋もの滝が静かに流れ落ちています。ベンチもあるので軽く一息ついていきましょう。

ここから「浅間山」の道標に従って進みます。広葉樹の樹林が続いています。歩きやすい登山道ですが、ところどころ急だったり、木の根が出て歩きにくいところもあるので慎重に。のんびりと歩いていくと、ほどなく登山道の両側が細い笹《ささ》に覆われるようになってきます。傾斜が緩やかになり、さらに進んでいくと浅間山の山頂に到着。

山頂は草地の広場が広がり、テーブルやイスがいくつかしつらえてあります。間近にそびえているのは、箱根駒ケ岳や二子山。天気に恵まれれば富士山も眺められます。山頂一帯はヤマザクラやソメイヨシノもあり、春先は山頂でサクラのお花見も楽しめるでしょう。

十分楽しんだら、来た道を下って小涌谷駅を目指します。千条の滝までは足元に十分注意して。下山後には小涌谷や大平台、湯本など、山麓の温泉で汗を流すのも楽しみです。

❶箱根浅間山の山頂。二子山が見えている　❷楚々とした流れが美しい千条の滝　❸10月下旬には紅葉も楽しめる

**蓬莱園**

小涌谷の老舗旅館、三河屋旅館に隣接した庭園で、約1ヘクタールの園内に3万株ものツツジ、サツキが植栽されていて、例年4月下旬から5月半ばに見頃を迎える。ツツジやカエデの紅葉も見事。
神奈川県箱根小涌谷503
TEL 0460-85-5700
（箱根町総合観光案内所）

- 電車：箱根登山鉄道小涌谷駅下車
- 歩行：小涌谷駅（20分）千条の滝（45分）浅間山（30分）千条の滝（15分）小涌谷駅
- WC：小涌谷駅にあり、道中にはトイレなし
- 注意：歩く時間は短いが、千条の滝から先は本格的な登山道。足回りは歩きやすいトレッキングシューズが安心
- 問：箱根町役場 TEL 0460-85-7111

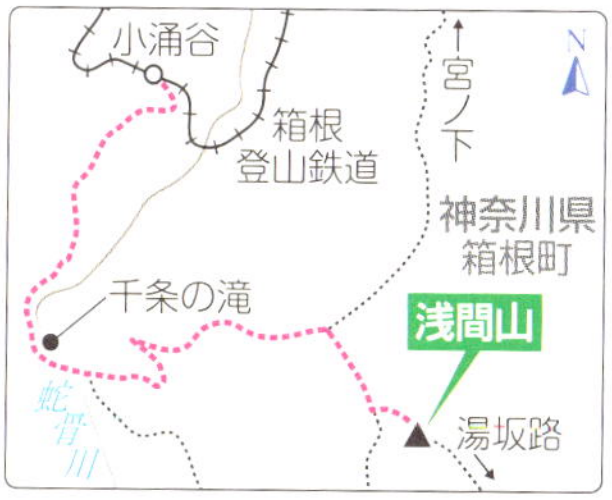

山梨県

## 小説の舞台、展望スポット

# 大菩薩峠

だいぼさつとうげ

1897m　2時間25分

日本百名山に挙げられる、山梨県の名峰、大菩薩嶺。多くの人になじみがあるのは、山頂から南へ延びる尾根にある大菩薩峠かもしれません。中里介山の長編小説「大菩薩峠」の舞台にもなった場所です。

上日川《かみひかわ》峠からは明るい広葉樹の林のなか、車道と並行して散策路が整備されています。ゆるやかに登っていくと、レトロなたたずまいの山小屋、福ちゃん荘が建っています。ここからしばらくは車も通れる広いダート道。勝縁荘（現在は閉館）の建物を過ぎると山道が傾斜を増してきます。道の両側には笹が生い茂り、しばらくは見晴らしがきかないですが、空が近くなってくるとほどなく山小屋・介山荘の建物が現れます。介山荘の先に大菩薩峠があります。

広々とした峠は、登山者が思い思いにくつろいでいます。看板の前で記念写真を撮る人、山名盤を見ながら山を確認する人もいます。峠の北側を眺めれば、大菩薩嶺へ向かう尾根が眺められ、西から南の方向に目を向ければ、ひときわ美しく裾野を広げる富士山や、連なる南アルプスの山々が眺められます。ゆっくり休んでいきましょう。

帰りは来た道を戻ります。福ちゃん荘に立ち寄り、名物のほうとうやおしるこなどで一息ついていくのもよいでしょう。

山を歩き慣れた人なら、大菩薩峠から大菩薩嶺まで足を延ばせば、富士山や南アルプスの山々を望む展望の尾根歩きが楽しめます。

❶眺望の開けた大菩薩峠。前方には大菩薩嶺への稜線が　❷赤く色づいたツタウルシ　❸上日川峠から心地よい樹林歩き

泊

### 介山荘

大菩薩峠に建つ山小屋で、名前の由来は小説「大菩薩峠」の著者、中里介山による。売店では大菩薩嶺のキーホルダーやマグカップ、Tシャツなどの山小屋オリジナルグッズの種類が豊富。そば、うどんやおでんなどの軽食もある。

TEL090-3147-5424

：ＪＲ中央線甲斐大和駅から栄和交通バス40分、上日川峠下車

：上日川峠バス停（20分）福ちゃん荘（1時間）大菩薩峠（50分）福ちゃん荘（15分）上日川峠バス停

WC：上日川峠、福ちゃん荘、大菩薩峠にあり

！：上日川峠行きのバスは、特定日運行。毎年ダイヤや運行日が変わるので最新の時刻表で確認を

問：甲州市役所 TEL0553-32-2111
栄和交通 TEL0553-26-2344

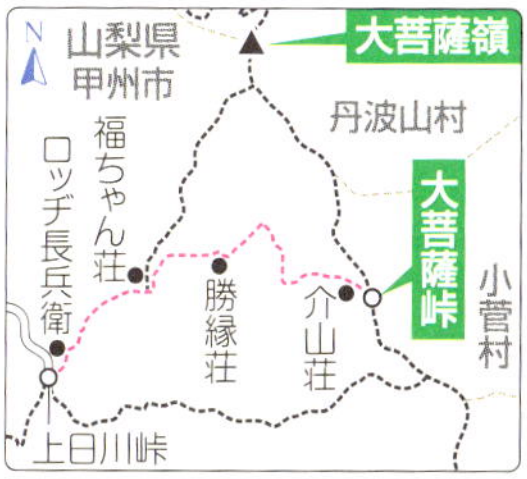

東京都

## 下山後は美肌の温泉へ

# 日の出山

ひのでやま

902m　2時間40分

肌寒い季節の山歩きは、下山後の温泉も楽しみのひとつ。日の出山は、山のよさとともに山麓に湧く温泉も魅力です。本格的な登山道のある山ですので、歩きやすいトレッキングシューズで出掛けましょう。

ケーブルカーの山頂駅からスタート。舗装道路を進んでいきます。途中にある御岳ビジターセンターに立ち寄って、見られる草花や紅葉の状況など確認していくとよいでしょう。急な舗装道路を上り切り、樹齢1000年といわれる神代ケヤキを間近に眺めたら、道標に従い、武蔵御嶽神社との道と分かれて日の出山方面へ進みます。古い建物の宿が建ち並ぶ中を進んでいき、静かな樹林帯へ。歩きやすく整備された登り道ですが、最後が少し急になります。ゆっくり、息を整えながら歩きましょう。

山頂からは関東平野が一望のもと。天気に恵まれれば細く尖《とが》ったスカイツリーも見られます。南側に広がるのは丹沢の山々。あずまややベンチもあるので、のんびり休んで景色を楽しみましょう。

景色を堪能したら、つるつる温泉方面へ下ります。いくつか分岐がありますが「つるつる温泉」の道標に従って進みます。長い下り道、休憩をはさみながら歩きましょう。舗装道路に出たら沢沿いの道を進み、突き当たったら左へ。最後の上り道を歩き切ると、バス停のあるつるつる温泉に到着です。文字通りつるつるとした肌触りの湯で、山歩きの疲れを癒やしたいものです。

❶あずまややや山名盤もある日の出山の山頂　❷樹齢1000年、風格たっぷりの神代ケヤキ　❸まっすぐ伸びた杉の樹林が続く

### 湯 つるつる温泉

天然温泉の日帰り入浴施設。洋風風呂と和風風呂の２種類が男女日替わりで楽しめ、それぞれに内湯と露天風呂がある。アルカリ性単純温泉の湯は肌触りがなめらか。入浴後は畳敷きの広間でくつろげる。

東京都日の出町大久野4718
TEL042-597-1126

：ＪＲ青梅線御嶽駅から西東京バス10分、ケーブル下下車。御岳登山ケーブルカーで山頂の御岳山駅へ

：御岳山駅（20分）神代ケヤキ（50分）日の出山（1時間30分）つるつる温泉

WC：御岳山駅、日の出山直下にあり

：日の出山からの下山路は薄暗い針葉樹林。歩行時間は短いが、早めに出発、遅くとも15時までには下山を

問：日の出町役場 TEL042-597-0511
西東京バス（氷川）TEL0428-83-2126
御岳登山鉄道 TEL0428-78-8121

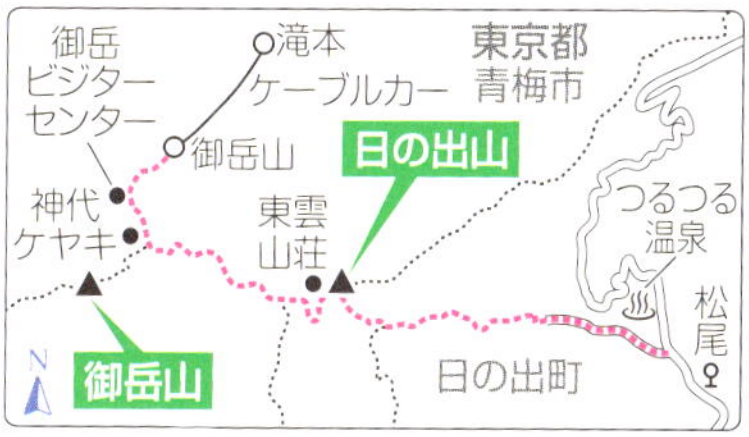

神奈川県

## 石畳の道、老舗茶店で一服

# 箱根旧街道

はこねきゅうかいどう

700m　1時間40分

江戸時代のはじめに整備され、多くの旅人が行き来した箱根旧街道。江戸と大阪・京都をつなぐ幹線道路であった東海道で、小田原から三島までの区間は箱根八里と呼ばれ、山越えの難所として知られていました。どろどろのぬかるみになってしまう道を歩きやすくするために敷いた石畳は、今でいう舗装道路のはしりといえるでしょう。

箱根湯本から芦ノ湖へ至る部分はハイキングコースとして整備され、保存整備された当時の石畳の道を歩くことができます。往時の旅人に思いを馳《は》せながら、歩いてみませんか。

須雲川《すくもがわ》バス停をスタートし、「須雲川自然探勝歩道」の道標に従って山道に入ります。うっそうとした樹林の中をしばらく進むと石畳の道に。国指定の史跡になっています。凸凹があり、雨のときは滑りやすくなるので十分注意しましょう。ところどころで県道に合流しながら、進んでいきます。

寄木会館のある畑宿を過ぎると急坂、急な階段の連続に。今でこそ歩きやすい舗装道路ですが、江戸時代にこのあたりが難所であったことを実感できます。急な登りはゆっくり、息を整えながら足を運びましょう。

登り切り、しばらく進むとゴールの甘酒茶屋に到着。江戸時代初期に創業し、多くの旅人を癒やしてきた、風情あるたたずまいの茶店です。散策の疲れを名物の甘酒で癒やしたら、茶屋の目の前のバス停からバスで箱根湯本に戻ります。

❶風情あふれる石畳の道を歩く　❷茅葺き屋根の甘酒茶屋。店内も風情たっぷり　❸道標や看板もあちこちにつけられている

### 甘酒茶屋

箱根旧街道沿いに建つ、江戸時代初期に創業の茶店。茅葺き屋根や土間が昔ながらの風情をかもし出す。米麹のやさしい甘みが広がる甘酒や、ふっくら焼き上げた力餅などが名物。夏はかき氷や冷たい甘酒なども。

神奈川県箱根町畑宿二子山395-1　TEL 0460-83-6418

：箱根登山鉄道箱根湯本駅から伊豆箱根バスまたは箱根登山バス15分、須雲川下車

：須雲川バス停（40分）畑宿（1時間）甘酒茶屋バス停

WC：須雲川橋、畑宿、甘酒茶屋にあり

：畑宿は寄木細工の里。職人の技を見学できたり、寄木細工作り体験ができる工房もある

問：箱根町役場 TEL 0460-85-7111
箱根登山バス（小田原）TEL 0465-35-1271
伊豆箱根バス（小田原）TEL 0465-34-0333

神奈川県

紅葉も楽しみな湖畔の道

# 旧東海道杉並木

きゅうとうかいどうすぎなみき

820m　1時間10分

箱根湯本から甘酒茶屋（前項）までの箱根旧街道の先も雰囲気のよい散策路が続きます。甘酒茶屋を起点に、標高７００メートルに位置する山上の湖・芦ノ湖の湖畔まで歩いてみましょう。歩き慣れた方なら箱根湯本から歩くこともできます。

昔ながらのたたずまいを残す甘酒茶屋の建物の裏側から散策路に入ります。いったん車道を横切ると、石畳の急な登り道に。やや歩きにくいうえ、急斜面でかなり息があがります。風情あふれる道の写真を撮ったりしながら、のんびりと進みましょう。石碑がある旧街道最高地点からはどんどん下っていきます。とくに雨などで濡《ぬ》れているときは下りのほうが滑りやすいので、十分注意して進みます。

下り切ると遊覧船が発着する芦ノ湖の湖畔に。箱根神社の真っ赤な一の鳥居をくぐり、土産物店や食事どころが並ぶ国道を進んでいきます。しばらく進むと国道の左側から、江戸時代初期の１６１８年に植えられた杉並木の続く散策路に再び入ることができます。

雰囲気のよい杉並木をのんびりと歩き、再び車道に出るとすぐに恩賜箱根公園。芦ノ湖や箱根の山々、富士山の眺めがすばらしく、四季折々の花や紅葉も楽しみです。恩賜箱根公園から箱根関所までは徒歩5分ほど。復元された施設で江戸時代の旅の様子を知ることができます。

箱根は日本でも有数の温泉地。散策後はぜひ温泉で疲れを癒して帰りたいものです。

芦ノ湖沿いに続く杉並木。江戸時代の人々もこの道を往来したと思うと感慨深い

観

### 芦ノ湖

箱根火山の爆発によりできた山上湖。現在の形になったのは約3000年前といわれる。富士山のビューポイントとしても人気が高く、元箱根あたりから湖越しの富士山の眺めがとくにすばらしい。遊覧船が運航しており、湖上からの景色を楽しむこともできる。

- 🚉：箱根登山鉄道箱根湯本駅から箱根登山バスまたは伊豆箱根バス25分、甘酒茶屋下車
- ▶：甘酒茶屋（40分）一の鳥居（30分）箱根関所
- WC：甘酒茶屋、恩賜箱根公園入り口などにあり
- 💡：時間が許せば箱根神社に立ち寄っていくとよい。元箱根バス停から徒歩10分
- 問：箱根町役場 TEL 0460-85-7111
  箱根登山バス（小田原）TEL 0465-35-1271
  伊豆箱根バス（小田原）TEL 0465-34-0333

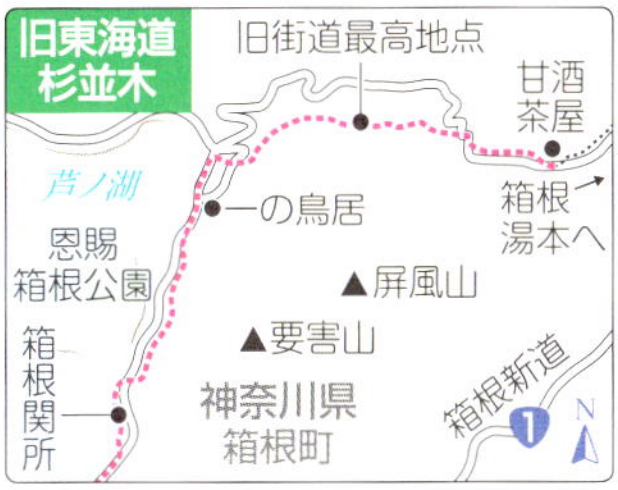

東京都・神奈川県

## 展望よい富士見の山

# 景信山

かげのぶやま

727m　1時間40分

空気が澄んで晴天率の高くなる秋はゆる山歩きに適した季節。景信山は、短時間で山頂に立てる富士見の山です。短時間ではありますが、それなりに登りごたえのある山道が続くので、登頂の達成感もひとしおです。

スタートは小仏バス停から。舗装道路を上っていき、途中の道標に従って景信山への登山道に入ります。ところどころ木の根が出たり段差のある山道ですが、よく整備されています。はじめはうっそうとした杉や檜《ひのき》の林で、静けさが漂っています。なかなか急な登りが続くので、息が上がってしまわないようにゆっくりと、休憩を入れながら進みましょう。

樹林が針葉樹から広葉樹になり、さらに丸太の階段などを交えながら登っていくと、どんどん見晴らしがよくなってきます。来た方向を振り返ると関東平野が広がっています。景色に励まされながら歩き続け、標高727メートルの山頂に到着。

広い山頂には茶店が2軒並んでいます。屋外にテーブルやベンチもたくさん置かれているので、ゆっくり休憩していきましょう。山菜の天ぷらやなめこ汁など、季節の山の幸も味わえます。どちらの小屋からも富士山が眺められるのが嬉しい限り。晩秋から春先は頭に真っ白く雪をかぶっている姿が素敵《すてき》です。

山頂での時間を満喫したら、来た道を戻って小仏バス停に下ります。やや急なところもあるので、慎重に足を運びましょう。

❶景信山の山頂には茶店のベンチやテーブルが多数　❷山頂の道標　❸景信山の名物はなめこ汁。2軒ある茶店のどちらでも味わえる

食 ichigendo

高尾駅北口、改札横にあるカフェ＆ベーカリー。名物の高尾天狗パンをはじめ、菓子パンや惣菜パンなどが種類豊富に揃い、山おやつにも最適。居心地のよいカフェスペースでは体にやさしい自然食が味わえる。
東京都八王子市高尾町1201-2
TEL 042-669-4701

- 🚌：ＪＲ中央線高尾駅から京王バス20分、小仏下車
- ▶：小仏バス停（1時間）景信山（40分）小仏バス停
- WC：小仏バス停、景信山山頂直下にあり
- !：歩行時間は短いが、本格的な山道となるので、靴や服装は登山専用のものが望ましい
- 問：八王子市役所 TEL 042-626-3111
  京王バス（南大沢）TEL 042-677-1616

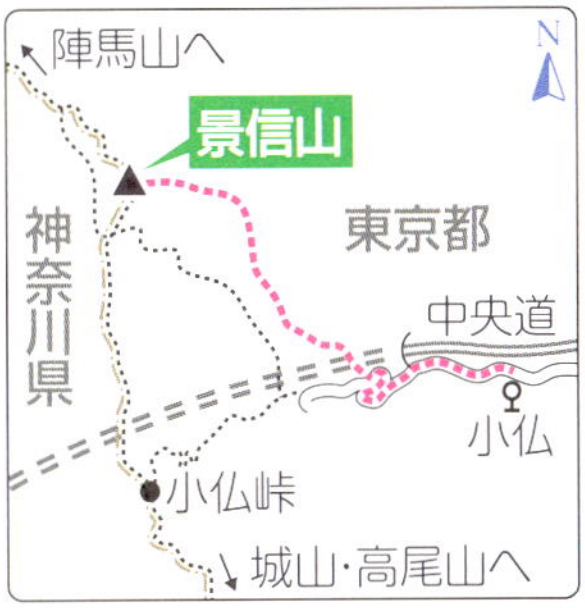

長野県

深山の雰囲気ふれる散策路

# 上高地自然探勝路

かみこうちしぜんたんしょうろ

1530m　2時間20分

日本有数の山岳リゾート地としても人気の高い上高地。上高地から梓《あずさ》川沿いに、槍《やり》ケ《が》岳《たけ》や穂《ほ》高《たか》連峰に向かう道が続いています。明神池のある明神までは、未舗装ですが歩きやすい平坦《へいたん》な道。山の雰囲気を味わってみませんか。

バスターミナルを過ぎ、河童《かっぱ》橋を左手に見ながら進みます。河童橋を過ぎるとすぐ、右手に上高地ビジターセンターの建物があります。登山道の情報などを得ていくとよいでしょう。上高地周辺のガイドツアーも行っています。

多少アップダウンはありますが、歩きやすく整備された道が続きます。周りは広葉樹の林で、木漏れ日が心地よく、川のせせらぎが響きます。ところどころで眺望が開け、山々が眺められます。左手に明神岳の岩峰が間近に眺められると、折り返し地点の明神はもうすぐ。明神館のレトロな建物が出迎えてくれます。

建物の前にはベンチやテーブルが並び、目の前には明神岳が迫力のある姿でそびえています。ひと休みしたら明神池まで足を延ばしましょう。つり橋を渡り、しばらく進むと穂高神社奥宮があります。明神池は神社の境内にあるので、社務所に拝観料を納めて入ります。明神岳からの伏流水が湧きだし、清らかな水が池を満たしています。自然が造り出した日本庭園のような風景、水面に映り込む山々や木々の姿も美しいものです。

帰りは来た道を戻ります。

❶梓川越しに眺められる岩山は明神岳　❷登山道沿いに建つ山小屋・明神館　❸周囲の山々を背景に日本庭園の趣の明神池

## 上高地の宿

宿が集中しているのは上高地バスターミナル周辺。梓川沿いに、周囲の自然景観に合ったたたずまいのホテルが並んでいる。明神エリアには登山道沿いにある明神館のほか、やや奥まったところに嘉門次小屋があり、食堂で味わえる岩魚定食が名物。

：松本電鉄新島々駅からアルピコ交通バスで1時間、上高地バスターミナル下車。沢渡～上高地はマイカー規制あり

：上高地バスターミナル（1時間）明神館（明神池散策20分）明神館（1時間）上高地バスターミナル

WC：上高地バスターミナル、明神館にあり

：4月下旬～11月上旬、新宿から上高地に直行するアルピコ交通の高速バス「さわやか信州号」が便利

問：松本市アルプス観光協会 TEL0263-94-2221
アルピコ交通（新島々）TEL0263-92-2511

山梨県

紅葉と富士のパノラマ

# 紅葉台

こうようだい

1165m　1時間15分

秋晴れの日、紅葉と富士山の眺めを楽しむ、ゆる山歩きはいかがでしょう。富士五湖のひとつ、西湖の南側に位置する紅葉台をご案内します。

紅葉台入口バス停からしばらく舗装道路を進み、紅葉台ドライブインの先から広い砂利道になります。周りは明るい広葉樹林。モミジが多く、紅葉の見頃となる11月上旬～中旬は真っ赤に彩られた木々のトンネルの中を歩いていくことができます。ハイシーズンは車の往来も多いので十分注意して歩きます。

紅葉台の山頂には展望レストハウスがあり、展望台（入場料有料）からは360度の大パノラマを満喫できます。裾野を広げる雄大な富士山や青木ケ原樹海、南アルプスの山々も見渡せます。真っ白い雪を頭にかぶった富士山の姿はため息がでる美しさ。眼下に広がる青木ケ原樹海も少し色づいています。

紅葉台からはさらに進んで三湖台まで行ってみましょう。公園のように広々とした山頂からは西湖、本栖湖を眼下に、富士山も大きく眺められます。見えている山々の解説板が設置されているのも嬉しい限り。ベンチやあずまやもあるので、景色を楽しみながらゆっくりと休んでいくとよいでしょう。

帰りは来た道を戻り、紅葉台入口バス停まで戻ります。時間に余裕があれば、富士山の噴火でできた溶岩洞窟、鳴沢氷穴に足を延ばすのもおすすめです。

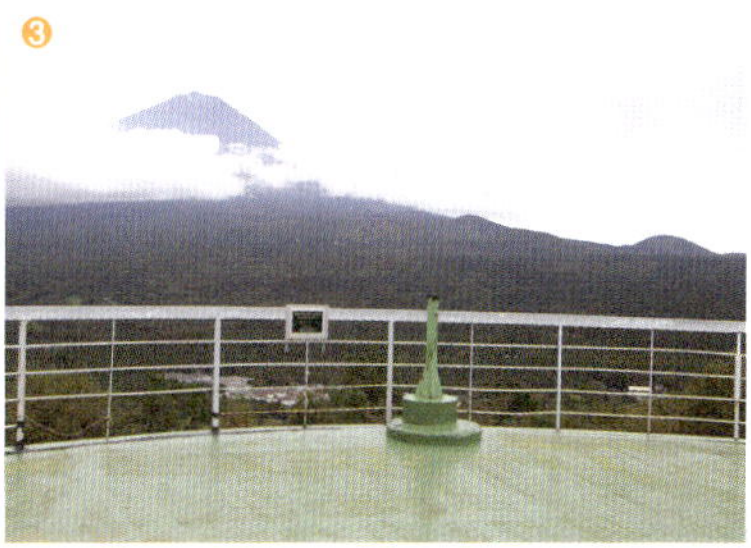

❶カエデの紅葉に彩られる紅葉台　❷ウッドデッキのある三湖台　❸展望レストハウスの展望台からは富士山がひときわ大きい

### ほうとう

食

太めの平打ち麺をかぼちゃなどの野菜とともに味噌ベースのつゆで煮込んだ、山梨県の郷土料理。野菜のだしが出たつゆと、もっちりした麺の相性が抜群の逸品だ。富士五湖周辺には、ほうとうの専門店が点在し、土鍋や鉄鍋で、アツアツのほうとうが味わえる。

：富士急行河口湖駅から富士急山梨バス25分、紅葉台入口下車

：紅葉台入口バス停（30分）紅葉台（15分）三湖台（10分）紅葉台（20分）紅葉台入口バス停

WC：紅葉台展望レストハウスにあり

：登山口でも標高は1000メートル以上なので防寒対策としてジャケット、手袋などを持参したい

問：鳴沢村役場
TEL0555-85-2312
富士急山梨バス
TEL0555-72-6877

東京都

## 晩秋の森林と川を楽しむ

# 氷川渓谷

ひかわけいこく

350m　1時間00分

駅を起点に、短時間で楽しめる渓谷散策はいかがでしょう。ご紹介するのは、奥多摩・氷川渓谷。多摩川と日原《にっぱら》川が合流する地点の渓谷で、川に沿って遊歩道が整備されています。

スタートは奥多摩駅から。北氷川橋で日原川を渡ったら、すぐ左の階段を下り、散策路に入ります。左手に川の流れを見ながら、樹林の中を歩いていきます。整備されて歩きやすい道で、急ぎ足で歩けばあっという間に終わってしまう道のり。川の景色や草花を愛《め》でながらのんびり歩きたいものです。

氷川大橋の下をくぐるとほどなく、つり橋の氷川小橋へ。橋を渡って奥多摩駅へ向かうこともできますが、もう少し足を延ばしてみましょう。氷川小橋から先は、山道がややワイルドになり、少し細いところや岩が出ているところも現れます。足元に注意しながら慎重に進みましょう。つり橋の登計《とけ》橋で多摩川を渡るときに、橋の上から多摩川の流れを眺めてみましょう。ゆったりと流れるエメラルドグリーンの水と、赤や黄色に彩られた樹林が美しく、うっとりしてしまいます。

登計橋から先も自然のままの雰囲気の散策路が続きます。心地よい樹林を楽しみながら歩くうちに車道にたどり着きます。昭和橋を渡り、奥多摩駅に向かいましょう。昭和橋から眺める、日原川と多摩川が合流するダイナミックな景観が、散策のフィナーレとなります。

❶氷川小橋からの眺め。ゆったりと川が流れている　❷すぐそばを車道が通っているとは思えない深い緑　❸奥多摩駅の駅舎

湯

**奥多摩温泉　もえぎの湯**

JR奥多摩駅から徒歩10分、温泉の日帰り入浴施設。ガラス張りで眺めのよい内風呂と、四季折々の風情が楽しめる露天風呂が男女別にあり、ゆったりと散策の疲れを癒やすことができる。入り口には気軽に入れる足湯もあり。
東京都奥多摩町氷川119-1
TEL 0428-82-7770

：ＪＲ青梅線奥多摩駅下車

：奥多摩駅（10分）北氷川橋（20分）氷川小橋（10分）登計橋（20分）奥多摩駅

WC：奥多摩駅にあり

：奥多摩駅から徒歩２分、奥多摩ビジターセンターで自然や登山道の情報を得られる

問：奥多摩町役場 TEL 0428-83-2111

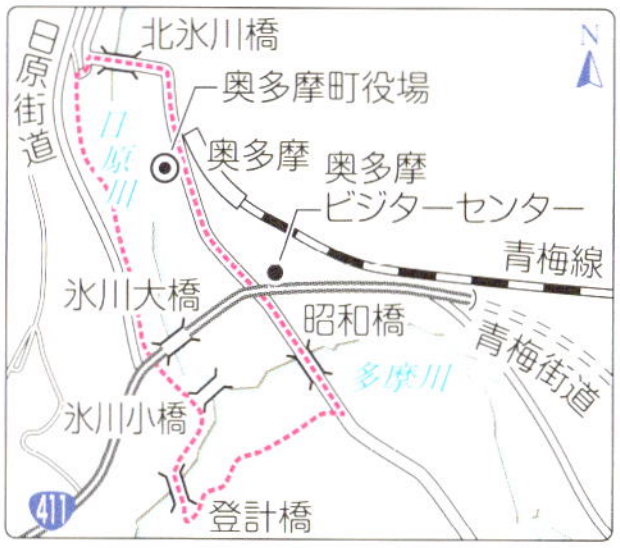

ゆる山コラム03

今しか見られない景色がある

# 季節限定の山歩き

## 高尾山でダイヤモンド富士

「ダイヤモンド富士」を知っていますか？　日の出、または日没のときに、太陽が富士山の山頂に重なって見える状況のことで、重なる瞬間、太陽がダイヤモンドのように光り輝いて見えることからその名前がついています。富士山が西または東の方角にある場所で、条件に恵まれれば見ることができます。

　高尾山もダイヤモンド富士が見られる山。例年12月の冬至の日前後、日没のときに現れます。その年に見られるおよその日程は、高尾登山電鉄などのサイトで確認することができます。時間帯は16時から16時15分頃、例年、見頃にあわせてケーブルカーが運転時間を延長しています。

　ケーブルカーを利用して、1号路から山頂を目指すとよいでしょう。この時期は午後の早い時間から日がかげり、少し薄暗いくらいです。薬王院から先の樹林帯は、足元に注意して。山頂に到着したら、持ってきたジャケットや手袋、帽子などを身につけ、防寒対策を十分にしてダイヤモンド富士の訪れを待ちます。山を歩き慣れている人なら、山頂から10分ほど進んで、茶店のあるもみじ台に足を運んでもよいでしょう。

　美しい景観を満喫したら、来た道を戻り、ケーブルカーで下山します。歩き始める前にヘッドライトまたは懐中電灯を用意しておきます。急な石段の下りなど、歩きにくいところもありますから慎重に。

## 筑波山で初日の出

初日の出を山で迎えてみませんか。山頂で御来光を見るなら、本来は日の出前の暗い山道を登らなくてはなりませんが、ロープウエーなどで山頂近くまでアクセスできる山の中には、元日、御来光にあわせて早朝運行を行うところもあります。

信仰の山として知られる名峰・筑波山もそのひとつ。女体山にはロープウエー、男体山にはケーブルカーが運行し、山頂直下まで登ることができます。元日はロープウエー、ケーブルカーともに早朝運行を行っています。

初日の出を楽しむなら、比較的山頂が広く見晴らしのよい女体山の山頂がよいでしょう。つつじケ丘からロープウエーに乗り、山頂駅からは山道を歩いて5分程度の道のりです。日の出前で足元は薄暗いので、十分注意して歩きます。

女体山で初日の出を眺めたら、男体山まで足を延ばしてみましょう。広く歩きやすい散策路ですが、かなり混み合いますからすれ違いには注意します。男体山からはケーブルカーで下山し、筑波山神社本殿のある宮脇へ向かいます。

初日の出の人気スポットだけに、当日は道路や駐車場もかなり混雑します。夜中のうちに駐車場に入り、ロープウエーも早めに列に並ぶことをおすすめします。厳しく冷え込んだ真冬の屋外での待ち時間が長くなりますので、防寒・防風対策はしっかりとしてお出かけください。

# 冬

澄んだ空気に会いに、山へ出かけましょう。
空はひときわ青く、
遠くに見える高い山は頭に雪をかぶっています。
霜の降りた枯れ葉を踏みしめながら歩けば
山の中に響き渡るのは自分の足音だけ。
「気持ちいいね」。山と語り合っているようです。

千葉県

眼下に岩井海岸を一望

# とみやま水仙遊歩道

とみやますいせんゆうほどう

70m　1時間10分

冬に里山を彩る草花のなかでも人気が高い水仙。清楚《せいそ》な花姿は冬枯れの野山で目立ちます。公園や社寺の境内で見られることが多いですが、千葉県南房総市には群生地があり、水仙のお花畑を満喫できます。例年の見頃は1月中旬〜2月中旬、年によって1週間程度前後しますので、現地のサイトで開花状況の確認をしていくとよいでしょう。

　東京や横浜方面からの高速バスも停車する、道の駅富楽里《ふらり》とみやまがスタート地点。2階のインフォメーションセンターに立ち寄り、水仙遊歩道の地図をもらいます。道標に従って県道を歩き、水仙遊歩道の入り口を目指します。この道沿いにも水仙の花があちこちで見られます。道の駅から20分ほど県道を進むと水仙遊歩道の入り口に到着。2台の自動販売機が目印です。はじめはやや急な登り道ですが、進んでいくにつれ、道の両側に水仙が群落を作り、ふんわりとよい香りを漂わせています。まさに水仙のお花畑の中を歩いていくようです。

　歩きやすい散策路、花風景を楽しみながらのんびり歩いていくと、ひときわ眺めのよい展望台に出ます。眼下に岩井海岸を一望できる絶景ポイントです。空の色を映したような真っ青な海の広がりを楽しんだら、やや急な山道を下っていき、遊歩道出口へ。少し足元が悪いところもあるので十分注意して。県道に出るので来た道を戻り、道の駅富楽里とみやまへ向かいましょう。

❶細い散策路の両脇に水仙が咲き乱れる　❷展望台からは青い海と海岸線が見渡せる　❸水仙のよい匂いが一面に漂う

食 買

**道の駅富楽里とみやま**

ハイウェイオアシスも兼ねていて、有料道路、一般道路のどちらからも利用できる道の駅。地元の特産品や農産物、海産物を取り扱う直売所や、新鮮な魚介類や地元の郷土料理が味わえる食堂などがある。

千葉県南房総市二部2211

TEL 0470-57-2601

- 🚌：東京駅八重洲南口からJRバス「房総なのはな号」で80分、ハイウェイオアシス富楽里下車。※新宿駅、横浜駅などからも高速バスあり
- ▶：道の駅富楽里とみやま（20分）水仙遊歩道入り口（40分）水仙遊歩道出口（10分）道の駅富楽里とみやま
- WC：道の駅富楽里とみやまにあり
- ❗：電車利用の場合、最寄り駅はJR内房線岩井駅。道の駅までは徒歩約20分
- 問：南房総市観光協会
  TEL 0470-28-5307
  JRバス関東（館山）
  TEL 0470-22-6511

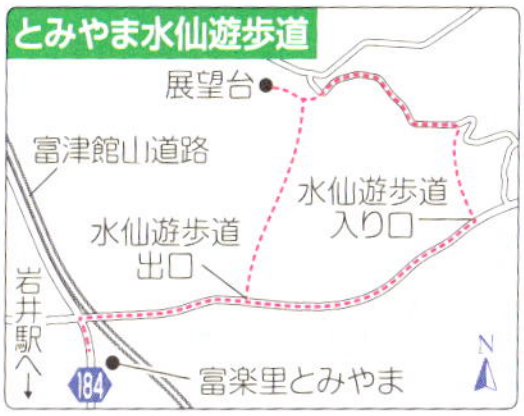

東京都

垣間見える山里の生活

# 奥多摩むかし道

おくたまむかしみち

600m　4時間00分

東京と山梨を結ぶ生活の道として、かつては多くの人が行き来した旧青梅街道。そのうちの小河内《おごうち》～氷川の区間が奥多摩むかし道と呼ばれる、約9キロのハイキングコースです。今も人々が暮らす里の暮らしを垣間見つつ、豊かな自然にも触れられる道を歩きましょう。

　スタートは奥多摩湖の湖畔、水根バス停から。トンネルの手前の上り道を進んでいきます。分岐には「むかし道」の木の道標が立っていて分かりやすく、ところどころに石碑も見られます。青目立不動尊の脇から山道になります。石がゴロゴロとして歩きにくいところもありますから慎重に。山側の落石にも注意して進みましょう。

　公衆トイレとあずまやのある西久保からは、右手に多摩川の流れを眺めながらの舗装道路歩き。ところどころでつり橋もあるので、橋の中ほどまで進んで川の流れを眺めてみましょう。煎った大豆を供えて虫歯が治るよう祈ったという虫歯地蔵や、難所を牛馬が無事に通行できるよう祈った牛頭観音など、道のあちこちに見られる石仏にも、山里に住む人々の昔の生活が感じられます。

　大きな岩がのしかかるような白髭神社や、樹齢200年のイロハカエデの巨木、小河内ダムを建設していたときに使われていた引き込み線の跡などの見どころも点在。周辺は広葉樹が多く、11月に入れば紅葉が見頃を迎えます。

　ゴールは奥多摩駅です。

①明るい広葉樹の林が心地よい　②岩と緑、清流のコントラストが美しい惣岳渓谷　③民間信仰を今に伝える虫歯地蔵

湯

### 三河屋旅館

奥多摩駅から徒歩5分、創業200年の老舗和風旅館。日帰り入浴にも対応しており、やわらかな肌触りの温泉をゆったりと楽しめる。大浴場からは窓越しに樹林が眺められ、森林浴気分も味わえるのが嬉しい。

東京都奥多摩町氷川1414

TEL0428-83-2027

：JR青梅線奥多摩駅から西東京バスで約15分、水根下車

：水根バス停（30分）青目立不動尊（1時間30分）しだくら橋（30分）白髭神社（1時間30分）奥多摩駅

：水根バス停、西久保、成田不動尊前ほか数カ所あり

：橋詰バス停から奥多摩駅に戻ることもできる

：奥多摩町役場 TEL0428-83-2111
西東京バス（氷川）TEL0428-83-2126

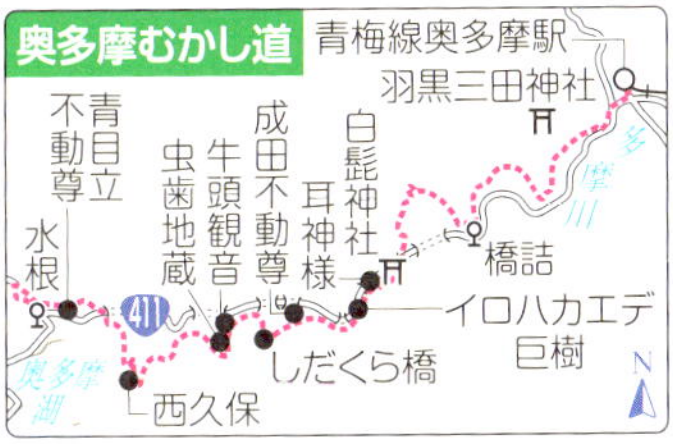

埼玉県

## 迫力満点、幅125メートルの冬の芸術

# あしがくぼの氷柱

あしがくぼのひょうちゅう

350m　1時間00分

寒い冬ならではの景色を楽しみに、ゆる山歩きに出掛けませんか。ご紹介するのは、埼玉県横瀬町にある、あしがくぼの氷柱。冬は非常に気温が低くなる秩父盆地の気候を利用し、地元の人々によって氷柱が作り出されるのです。山の傾斜地に水をまき、幅約125メートルもの氷柱が出現します。

氷柱を鑑賞することができるのは例年1月上旬～2月上旬。作られた氷柱は寒さでどんどん大きさを増していき、見頃となるのは例年1月下旬から2月上旬です。期間中の金・土・日曜、祝日は夜にライトアップもされ、光に照らされた幻想的な氷柱も見どころです。

氷柱の会場入り口までは、芦ケ久保駅から川沿いの遊歩道を進みます。道沿いにのぼりが立てられているので、迷わず行くことができるでしょう。会場入り口で、環境整備協力金を支払って入場します。

会場内には遊歩道が設けられ、氷柱をさまざまな角度から見ることができます。足場の悪いところもあり、若干高低差もあるので、足元には十分注意して進みましょう。山の斜面を埋めるような氷柱は迫力満点。光の加減や雪の積もり具合で白く、青く光り輝きます。氷柱の形は年によって、また日がたつにつれて変わっていくので、まさに一期一会の芸術といえるでしょう。

鑑賞を終えたら来た道を戻り芦ケ久保駅へ。駅に隣接した道の駅に立ち寄っていきましょう。

❶氷が陽光を受けてきらきらと輝く　❷幻想的なライトアップ　❸歩きやすい散策路が整備されている

食 買

**道の駅果樹公園あしがくぼ**

西武秩父線芦ヶ久保駅に隣接する道の駅。秩父の名産品や新鮮な農産物を販売する物産コーナーや、秩父名物のみそポテトや豚味噌、ずりあげうどんなどのグルメが味わえる食事どころがある。

埼玉県横瀬町大字芦ヶ久保1915-6

TEL 0494-21-0299

電車：西武秩父線芦ヶ久保駅下車

徒歩：芦ヶ久保駅（15分）会場入り口（散策30分）会場入り口（15分）芦ヶ久保駅

WC：芦ヶ久保駅など

時間：鑑賞時間は9～16時、ライトアップ開催日は20時まで。天候や結氷状況により閉鎖する場合あり

問：横瀬町ブコーさん観光案内所 TEL 0494-25-0450

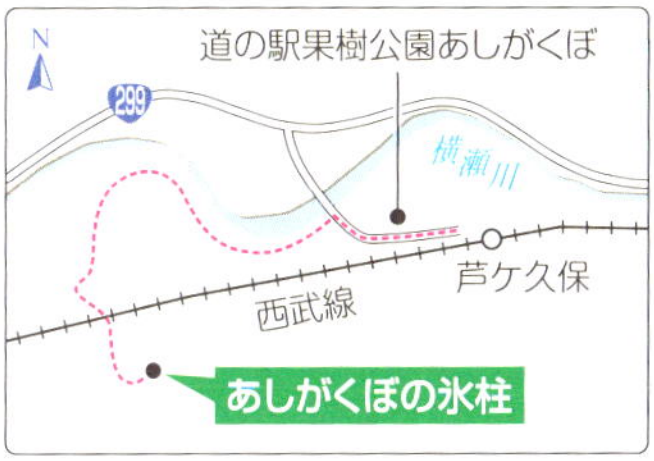

東京都

## 自然美の氷滝を求めて

# 払沢の滝

ほっさわのたき

350m　0時間40分

美しい滝を求めて、ゆる山歩きに出掛けませんか。奥多摩・檜原村にある、「日本の滝百選」にも選ばれている名瀑《めいばく》、払沢の滝は、落差62メートル、4段に流れ落ちる優美な滝です。

瑞々《みずみず》しい新緑や色鮮やかな紅葉の時期もよいですし、夏に訪れれば滝のすぐそばまで近付くことができて、ひんやりとした空気を味わえるのですが、毎年1、2月は結氷した滝が見られることがあります。寒気が到来し、気温がぐっと下がる日、流れ落ちる形のままに滝は凍り付くのです。水量の多い滝だけに、完全に結氷することはごくまれですが、まさに自然が作り出した造形、見応えがあります。

払沢の滝へは、払沢の滝入口バス停から道標に従って散策路を進みます。ウッドチップが敷かれてよく整備された歩きやすい道ですが、冬は積もった雪が凍って非常に滑りやすくなっていることもあるので、足元に十分注意が必要です。沢のせせらぎが響くなかをのんびりと歩いていくと、15～20分ほどで払沢の滝に到着します。

60メートル以上の大きな滝ですが、滝壺《たきつぼ》のあたりから見上げられるのは一番下の段の滝で、落差は26メートル程度。それでも堂々とした姿に圧倒されます。よく冷えた日は滝壺まで凍り付くことがあります。

帰りは、足元に注意しながら来た道を戻ります。散策路の途中に点在するカフェで一息ついていくとよいでしょう。

❶完全結氷した払沢の滝。白く凍り付いた滝が美しい　❷夏でも清涼感たっぷりの滝　❸散策路はよく整備されている

買

### ちとせ屋

払沢の滝バス停前に建つ豆腐店。檜原の源流水を使い、手作りにこだわって作られた豆腐や厚揚げなどが美味。揚げたてのおからドーナツは散策の帰りにぜひ味わいたい逸品。夏は豆乳ソフトクリームも人気だ。
東京都檜原村5557
TEL042-598-0056

バス：JR五日市線武蔵五日市駅から西東京バス30分、払沢の滝入口下車

コース：払沢の滝入口バス停（20分）払沢の滝（20分）払沢の滝入口バス停

WC：払沢の滝入口バス停近くにあり

ポイント：滝の結氷状況については、檜原村観光協会のサイトなどで確認できる

問：檜原村役場
TEL042-598-1011
西東京バス（五日市）
TEL042-596-1611

埼玉県

## 素朴な里山、トトロの森

# 狭山丘陵

さやまきゅうりょう

120m　1時間30分

狭山丘陵は東京都の北西部と埼玉県南西部に位置する丘陵地帯。人々の暮らす住宅街に隣接して雑木林が広がり、映画「となりのトトロ」の舞台のモデルとしても知られています。のんびりと里山歩きを楽しんでみませんか。新緑、紅葉もよいですが、冬枯れの雑木林で日だまりハイキングもおすすめです。

西武球場前駅を起点にした散策コースを歩いてみましょう。線路沿いの県道から住宅街に入り、ほどなく木々がうっそうと茂る樹林に入っていきます。平坦《へいたん》で歩きやすい散策路がしつらえられており、耳をすませば虫の鳴き声や鳥のさえずりも響いています。樹林のあちこちにテーブルやベンチがありますから、森の雰囲気を楽しみ、ゆっくり休んでいきましょう。

歩いていると「トトロの森」の看板がいくつも見られます。かつて人々の生活に欠かせない存在であった貴重な雑木林を守るために、土地を買い取って保全・管理するナショナル・トラスト活動が進められているのです。

堀口天満天神社の社務所と倉庫の間の道を進むとほどなく車道に。視界が開けて狭山の街並みが眺められます。大通りを横切り、土手を上り切れば狭山湖へ。青々とした水をたたえたダム湖で、周りを奥多摩の山々に囲まれています。展望デッキで景色を楽しみましょう。

帰りは湖畔の遊歩道を進み、狭山不動尊の脇の道から西武球場前駅に戻ります。

❶人々の暮らしと密接に関わってきた雑木林　❷堀口天満天神社の社殿　❸民家の庭に「トトロの木」を発見！

観

狭山湖

正式名称は「山口貯水池」といい、昭和9年に東京都の水源として造られたダム湖。湖の周辺は県立狭山自然公園として整備されており、豊かな緑と水の景色が楽しめる。冬にはマガモやカンムリカイツブリなどの水鳥が冬を越すことでも知られている。

電：西武狭山線西武球場前駅下車

コース：西武球場前駅（30分）トトロの森3号地（30分）狭山湖（30分）西武球場前駅

WC：狭山湖湖畔にあり

情報：トトロの森の散策ガイドマップが、トトロのふるさと基金のサイトからダウンロードできる

問：所沢市役所
TEL 04-2998-1111

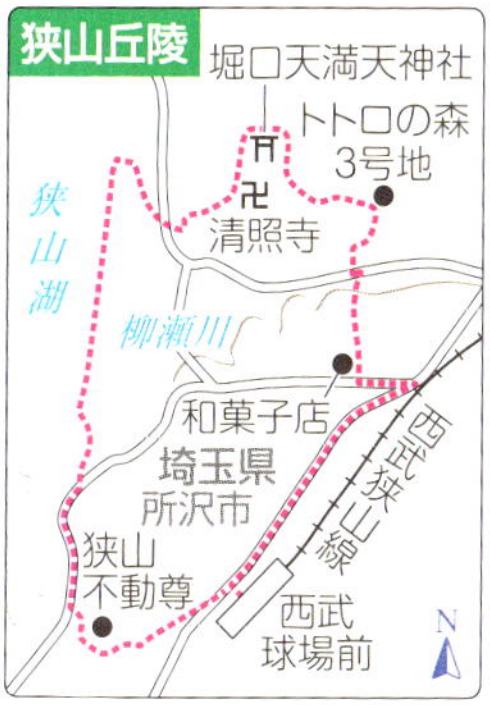

神奈川県

### 自然が造り出したアート

# 岩礁のみち

がんしょうのみち

40m　2時間40分

冬は海岸ウオーキングにもおすすめの季節。海の向こうの島や半島の眺めがよく、海の青さも際立ちます。三浦半島の先端部の海岸沿いは散策コースとして道標が整備されています。とはいえ、海岸線近くの岩礁を歩くところもありますから、足元には十分注意して。雨で岩が濡《ぬ》れているときや波の高いとき、満潮時には避けます。

剱崎《つるぎさき》バス停からスタート。剱崎灯台への道標に従って、畑の中の道を進みます。剱崎灯台から海岸沿いの道が始まります。歩きやすいところを選びながら進みましょう。

江奈湾の手前でいったん大通りに出て、小さな漁港のたたずまいを眺めながら進みます。しばらくは車道歩き。点在する道標を見落とさないようにします。古いお堂の建つ白浜毘沙門天を過ぎると再び岩礁に出て、さらにしばらく進むと、大きな洞窟があります。

毘沙門の集落の先からがこのルートのハイライト。風と波が作り出した広々とした岩礁とそそり立つ岩壁が、不思議な景観をかもし出しています。盗賊が身震いして動けなくなったという盗人狩《ぬすっとがり》の入り江を過ぎ、まるで彫刻のような観音岩を眺めながら進むうちに、宮川湾に到着。道標に従って急な舗装道路をぐいぐいと上っていけば、宮川町バス停に到着します。

帰りは三崎東岡行きのバスへ。三崎港周辺で観光やグルメを楽しんでいくのもおすすめです。

①西日を浴びて輝く岩壁。岩塔のように見えるのが観音岩　②波しぶきを思わせるような岩礁帯　③イソギクの花が咲いていた

### 三崎のまぐろ

まぐろで知られる三崎は、港周辺に新鮮なまぐろ料理の味わえる店や、海産物が購入できる店が立ち並び、グルメを満喫しながらの街歩きが楽しみ。往復の交通と食事券などがセットになったお得な切符もあり。三崎港へは京浜急行三崎口駅からバス利用。

：京浜急行三浦海岸駅から京浜急行バス剱崎方面行きで20分、剱崎下車

：剱崎バス停（20分）剱崎灯台（1時間10分）毘沙門洞窟（30分）盗人狩（40分）宮川町バス停

WC：剱崎灯台近く、宮川湾などにあり

：毘沙門天入口バス停からスタートして、ルート後半の岩礁歩きのみを楽しむこともできる

問：三浦市役所 TEL046-882-1111
京浜急行バス（三崎）TEL046-882-6020

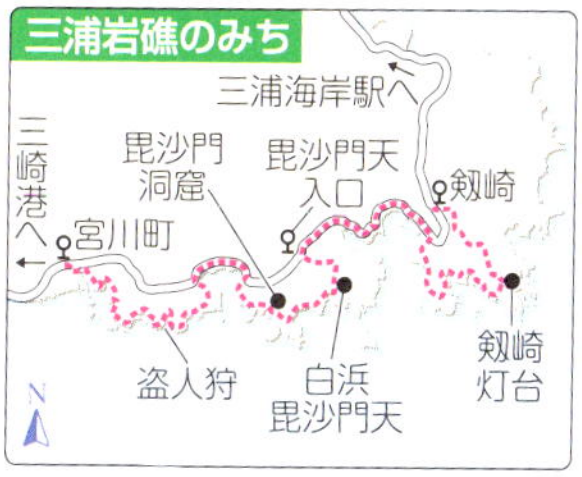

埼玉県

## 足腰守護の仏様にお参り

# 子ノ権現

ねのごんげん

640m　3時間00分

今年もゆる山歩きを楽しめたことに感謝し、来年も楽しく歩けるよう、お参りの山歩きをしませんか。

埼玉県飯能市にある子ノ権現天龍寺は、子《ね》ノ聖《ひじり》によって開山された、1000年以上の歴史を持つお寺です。足腰守護の仏様として古くから多くの人々の信仰を集めており、奥武蔵でも人気の高い伊豆ケ岳から続く山並みの東端の山頂に位置しています。

スタートの西武秩父線吾野《あがの》駅から登山口までは、1時間強の舗装道路歩き。ところどころに設置されている「子ノ権現／伊豆ケ岳方面」への道標に従って進みます。浅見茶屋を過ぎ、降魔《ごうま》橋の先から本格的な山道が始まります。針葉樹が生い茂るなかを登っていきます。距離はそれほど長くありませんが、やや急なところもありますから、焦らずにゆっくりと。30〜40分ほど登り続け、舗装道路に出るとまもなく、子ノ権現に到着です。

山門前にそびえる杉の大木は、子ノ聖が開山の時に箸代わりに使った杉の枝を挿し、それが成長したものと伝えられています。本堂の脇には、子ノ権現のシンボルともいえる鉄製の大わらじが立てられていて見応えがあります。

寺務所では、かわいらしいわらじの足腰守りを求めることができます。色や形が少しずつ違う手作りのお守りを記念にいかがでしょう。

帰りは来た道を戻ります。下りの山道も慎重に進みましょう。

❶風格ある朱塗りの本堂　❷鉄のわらじ。子ノ権現では御本尊へ履物を奉納して願をかけていた　❸山門の奥には仁王像が立つ

：西武秩父線吾野駅下車
：吾野駅（1時間）浅見茶屋（40分）子ノ権現（30分）浅見茶屋（50分）吾野駅
：東郷公園、子ノ権現にあり
：降魔橋から子ノ権現までは山道なので歩きやすい靴、動きやすい服で
問：飯能市役所 TEL 042-973-2111
子ノ権現天龍寺 TEL 042-978-0050

食

### 浅見茶屋

吾野駅から徒歩50分、子ノ権現に向かう道沿いに建つ。風情あふれる古民家でうどんや甘味を味わえる。手ごね足ふみで練り上げた手打ちうどんはこしがあり風味が豊か。竹の器で供されるのも嬉しい。
埼玉県飯能市大字坂石1050
TEL 042-978-0789

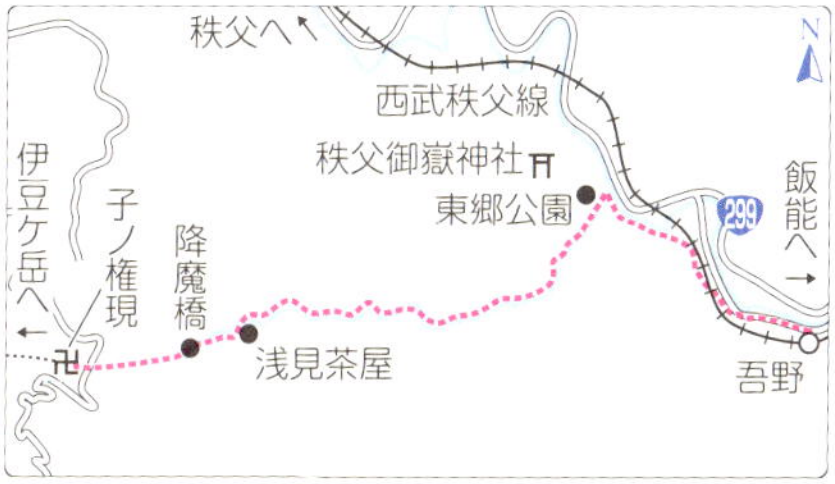

富士山の絶景を満喫

# 六国見山

ろっこくけんざん

147m　1時間20分

空気が澄んだ冬晴れの日、展望のゆる山歩きはいかがでしょう。鎌倉の六国見山は、アプローチの短さに見合わないほどすばらしい景色の楽しめる山です。

北鎌倉駅から、線路に並行する大通りを進み、権兵衛踏切で線路を渡ります。住宅街を進んでいき、道路が階段にかわってしばらく進むと「六国見山へ」の小さな看板が現れます。

階段を上り切った先も住宅街が続きます。六国見山森林公園の広場の奥から、丸太の階段を上っていきます。かなり急な勾配の階段が続きます。上り切ると視界が開け、展望台に到着します。

展望デッキに立つと伊豆大島が思ったより大きな姿で海に浮かび、伊豆半島も眺められます。真っ白く雪をかぶった富士山。その手前に見えているのは箱根の山々です。展望デッキと逆の方向に目をやれば、木々の間から東京スカイツリーも。

展望台からは稜線《りょうせん》沿いの道をたどり、明月院方面に向かって進みます。この展望台は山頂ではなく、本当の山頂は10分ほど進んだ先にあります。見晴らしもなく、山名の小さな看板と、道の真ん中に三角点があるだけ。

山麓までの下り道は雰囲気のよい常緑樹の樹林ですが、雨上がりにはぬかるんで足元が悪くなるので慎重に。車道に出たら、明月院方面に向かって急なコンクリート舗装道を下り、北鎌倉駅へ向かいます。

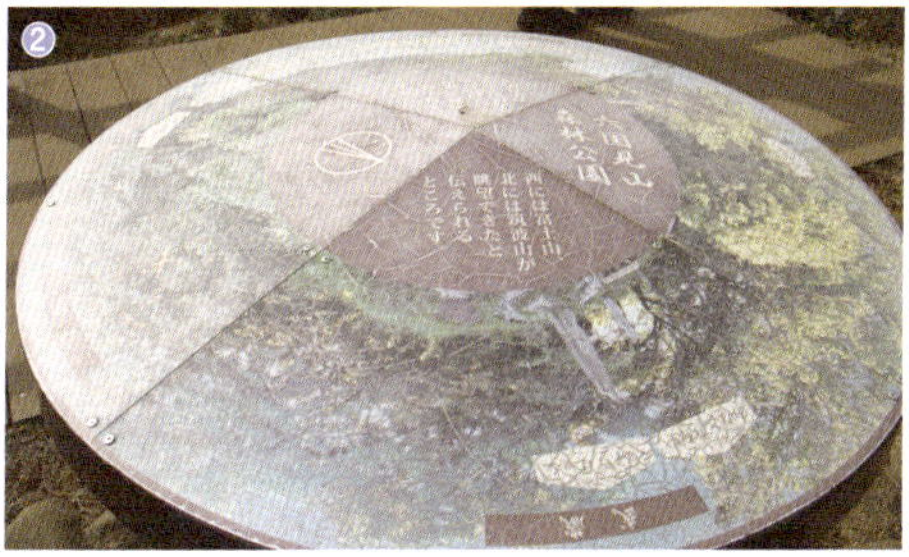

❶展望デッキからの眺め。天気に恵まれれば富士山や伊豆大島も　❷展望デッキの山名盤　❸本当の山頂は小さな看板があるのみ

観

### 北鎌倉の社寺

北鎌倉駅周辺は古刹が点在し、寺めぐりも楽しみのひとつ。その筆頭が鎌倉五山のひとつでもある建長寺。風格ある佇まいで、境内を彩るサクラやボタンなどの花、紅葉も見事。北鎌倉駅からすぐの円覚寺は紅葉の名所として有名で、見頃は11月下旬～12月上旬。

- 交：JR横須賀線北鎌倉駅下車
- 行：北鎌倉駅（30分）六国見山森林公園（10分）展望台（30分）明月院（10分）北鎌倉駅
- WC：明月院付近にあり
- 休：北鎌倉駅周辺は喫茶店や甘味どころが多く、下山後にゆっくりくつろぐのによい
- 問：鎌倉市役所
  TEL 0467-23-3000

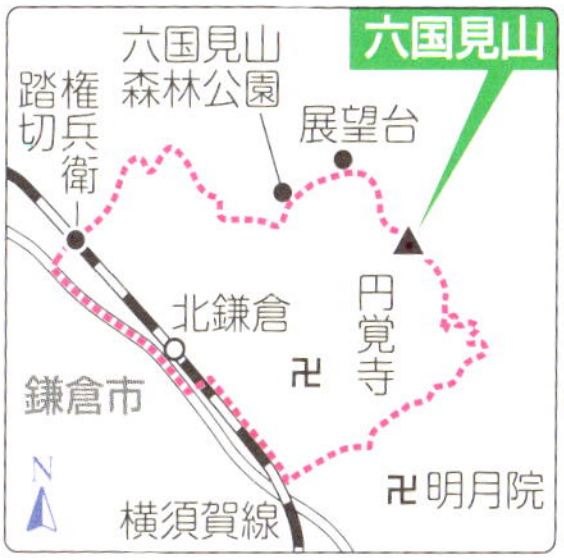

東京都

## 彩り豊かな花々楽しむ

# 吉野梅郷

よしのばいごう

250m　1時間10分

関東でも有数の梅の名所として知られた、東京都青梅市の吉野梅郷。2009年に梅の木にウイルスの感染が発見され、感染の拡大を防ぐためにすべての梅の木が伐採されました。その後改めて整備が進み、今では梅の公園に4千本を超える梅を再植樹し、復活への歩みを力強く進めています。

　梅が見頃の時期には、個人のお宅の庭を一般開放するオープンガーデンも行われていて、花の街歩きが楽しめます。

　日向和田《ひなたわだ》駅からスタートし、梅の公園に向かいます。園内はゆっくり散策をすると1時間ほど。ほんのりと梅の匂いが漂うなかを歩くことができます。3月には梅のほか、ゲンカイツツジが淡い紫色の花を咲かせています。

　梅の公園でお花見を楽しんだら、少し来た道を戻って天澤院の先で左折。点在するオープンガーデンを楽しみながら、観梅通りを進んでいきます。吉野街道に突き当たったところに建つ即清《そくせい》寺は、しだれ桜などが美しい花の寺。こちらもぜひ立ち寄っていきましょう。

　即清寺から5分ほどで吉川英治記念館へ。「宮本武蔵」などの歴史小説で知られた吉川英治が疎開して暮らしていた敷地に造られており、直筆の書や使っていた道具などを収蔵・展示しています。

　吉川英治記念館からは吉野街道を進み、奥多摩橋南交差点で右折して二俣尾《ふたまたお》駅に向かいます。

❶春先、さまざまな花に彩られる梅の公園 ❷青梅きもの博物館など、風情ある建物も点在 ❸梅の見頃は3月

### へそまんじゅう本舗 買

奥多摩でも人気のお菓子のひとつ、へそまんじゅうを製造販売している。甘みが強く食べごたえのあるまんじゅうは、散策のおやつにも最適だ。できれば蒸したてをすぐに味わいたい。日向和田駅からすぐ。

東京都青梅市日向和田3-863

TEL0428-24-6064

- 電車：新宿駅からJR中央線・青梅線で約1時間15分、日向和田駅下車
- コース：日向和田駅（15分）梅の公園（35分）吉川英治記念館（20分）二俣尾駅
- WC：梅の公園にあり
- 情報：吉野梅郷梅まつりは3月の開催。3月中旬には観梅市民まつりが行われ、神代橋通りでパレードなども
- 問：青梅市役所 TEL0428-22-1111

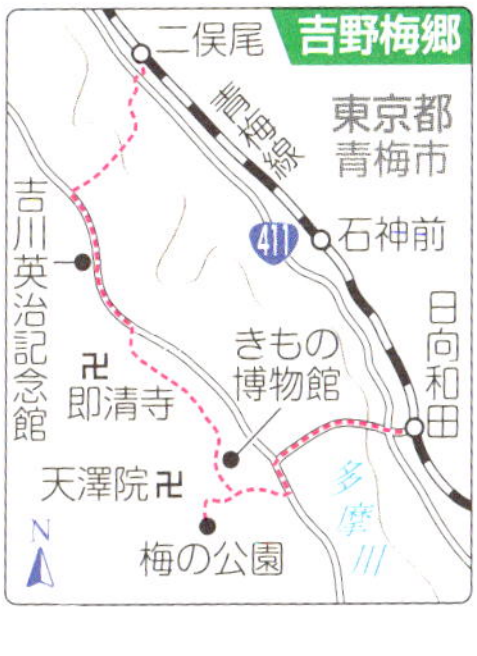

埼玉県

関東有数の梅の名所

# 越生梅林

おごせばいりん

90m　1時間25分

冬の青空の下、よい香りを漂わせる梅は、早春の花の代名詞です。埼玉県越生《おごせ》町の越生梅林は、関東でも有数の梅の名所。九州太宰府から菅原道真公の霊を分祠《ぶんし》したときに、梅園神社に梅を植えたのが始まりであるという言い伝えが残ります。毎年2月下旬～3月下旬が見頃で、開花時期にあわせて例年梅まつりが開催されています。

梅まつり期間中は梅園へ直行するバスが越生駅から出ていますが、越生駅から梅林まで歩くのもよいでしょう。越生駅をスタートしたら、法恩寺の境内を回り込むように舗装道路を上っていきます。上り切ったところがさくらの山公園。春先には満開のサクラが楽しめる名所です。敷地内にある世界無名戦士の墓は建物の屋上が展望台になっていて、天気がよければ東京スカイツリーや筑波山なども眺められる、絶景スポットです。

ここから山道を下っていくと、五大尊つつじ公園の一角に。例年4～5月がツツジの見頃です。さらに車道を進み、越生梅林に到着します。紅梅、白梅や越生野梅など千本もの梅の木が花を咲かせ、ふくいくたる香りが漂っています。そのなかには約600年前の古木もあります。園内には福寿草園もあり、陽光を受けてキラキラ輝く黄金色の花が梅に彩りを添えます。

園内で梅を心ゆくまで満喫したら、帰りは梅林入口からバスで越生駅に戻りましょう。

❶梅林を歩くと梅の香りが一面に漂う　❷風情あるたたずまいの法恩寺　❸約1万株、色とりどりのツツジが咲く五大尊つつじ公園

買

越生の梅製品

越生の梅は花を愛でて楽しむだけではなく、梅の実を使った梅製品も楽しみ。古くから良質な梅が生産されており、埼玉県内でも有数の生産地だ。定番の梅干しのほか、梅ジャム、梅エキス、梅ジュースなどさまざま。青梅は5月下旬〜6月下旬頃に買うことができる。

- 🚃：池袋駅から東武東上線で50分、坂戸駅で東武越生線に乗り換え20分、越生駅下車
- ▶：越生駅（30分）世界無名戦士の墓（50分）越生梅林（5分）梅林入口バス停
- WC：梅林内、さくらの山公園にあり
- ❾：越生駅ー梅林入口のバスは、梅まつり期間中は1時間に1、2本の運行で、所要15分
- 問：越生町役場 ℡049-292-3121
  川越観光自動車 ℡0493-56-2001

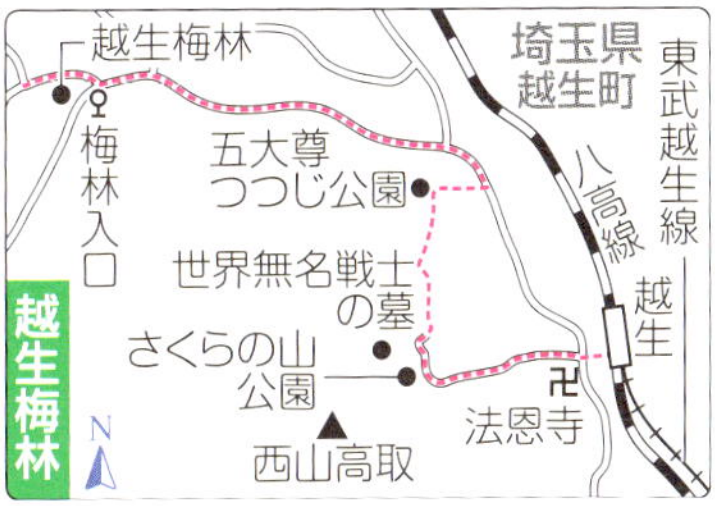

埼玉県

## 春を告げる可憐な花々

# 堂上の節分草自生地

どうじょうのせつぶんそうじせいち

400m　1時間30分

節分草という花を知っていますか？　関東地方以西に分布する直径約2センチ程度の白く小さな草花で、冬から春への変わり目、低山の広葉樹林に見られます。可憐な花姿はまるで春の訪れを告げる妖精のようです。

埼玉県秩父地方、四阿屋《あずまや》山の山麓には節分草の群生地があり、群落を楽しむことができます。花の見頃は例年2月下旬から3月中旬にかけてです。

小森バス停から自生地までは徒歩30分ほどの道のりですが、車の往来が多いので、十分に注意して進みましょう。入り口で入園料を支払い、入場します。

約5千平方メートルの園地は散策路が整備され、快適に歩くことができます。見頃の時季には節分草の白い花々が、まるで雪がうっすら積もったかのように林床を埋め尽くします。ぽかぽかと暖かい日差しを浴びながら、のんびりと春のお花見を楽しみましょう。

ここはアズマイチゲの自生地でもあります。白く清楚な花が楽しめるのは3月下旬から4月上旬にかけてですが、注意深く眺めれば、気の早いアズマイチゲが節分草に混じって見られることもあります。

ちなみに、四阿屋山の山麓には両神国民休養地もあり、2月は福寿草《ふくじゅそう》園地の福寿草が見頃を迎えています。時間と体力に余裕があれば、足を延ばしてお花見のはしごを楽しむのもよいでしょう。

❶真っ白いセツブンソウが林床を埋め尽くす　❷花姿の美しさにファンも多いセツブンソウ

### 秩父のわらじカツ丼

秩父地方の人気のご当地グルメのひとつ。薄く大きなトンカツが2枚丼の上に載っているさまは、まさに名前のとおり「わらじ」の趣。からりと揚がったカツとやや甘辛のソース、ご飯の相性もよい。秩父市や小鹿野町の食事どころなどで味わうことができる。

：秩父鉄道三峰口駅から小鹿野町営バス薬師の湯行きで16分、小森下車

：小森バス停（30分）自生地入り口（散策30分）自生地入り口（30分）小森バス停

WC：節分草自生地入り口にあり

：自生地の最寄りに堂上バス停があるが、途中で乗り換えが必要。本数もあまり多くないので、最新の時刻表で確認を

問：小鹿野町観光協会
℡0494-79-1100

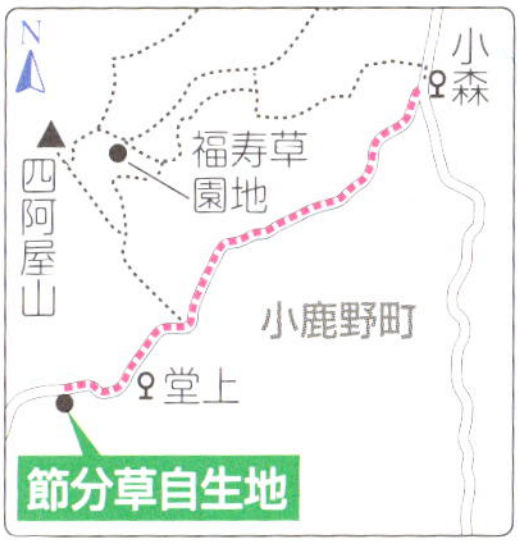

東京都

## 椿の季節、島の山めざす

# 伊豆大島・三原山

いずおおしま・みはらやま

758m　2時間10分

太平洋に浮かぶ、伊豆諸島最大の島である伊豆大島。島の中央にそびえているのが標高７５８メートルの三原山です。１９８６年に大きな噴火活動があり、現在も火山活動の痕跡を島内のあちこちで見ることができます。

2～3月は島のシンボルでもある椿《つばき》が見頃を迎え、例年1月下旬～3月下旬の間は椿まつりも開催されています。大島公園や椿花ガーデンなど島内の各所で美しい椿の花が楽しめます。椿のお花見と山歩きを組み合わせた山旅はいかがでしょう。東京・竹芝からは高速ジェット船を利用すれば、2時間ほどで伊豆大島へ到着します。

港からバスで三原山頂口までアクセスし、スタート。山頂まで舗装された道が続いています。景色を楽しみながら歩いていきましょう。歩きやすい道とはいえだんだん勾配がきつくなってきます。息を整えながらゆっくりと登ります。

山頂一帯はお鉢になっていて、ぐるりと一周することができます。荒々しい火口の姿とともに、ところどころで地面から噴気が上がっていて、この山が活火山であることを感じられるでしょう。さえぎるものがないだけに、天気に恵まれれば真っ青な海の向こうに富士山の姿なども眺められます。

お鉢を一周したら来た道を戻ります。下山後、船が出発するまでの時間にゆとりがあれば温泉へ。公共の露天風呂や、宿の温泉の日帰り利用などができます。

❶山頂遊歩道。剣ケ峰から富士山を望む　❷山麓から望む三原山　❸お鉢めぐりで火口を見られる

観

伊豆大島の椿

伊豆大島は椿の島としても知られていて、島内には約３００万本の椿が自生している。もとは種から油を作るために栽培されてきたが、現在は椿を観賞できる公園も多い。なかでも大島公園はさまざまな園芸品種や自生種のヤブツバキが見られる、日本有数の椿園だ。

- 🚇：竹芝客船ターミナルから高速ジェット船で約２時間、伊豆大島（元町港または岡田港）下船。港から三原山頂口まではバスで25分ほど
- ▶：三原山頂口（45分）三原神社（お鉢巡り45分）三原神社（40分）三原山頂口
- WC：三原山頂口、三原神社にあり
- ￥：往復乗船代と島内の路線バス代がセットになったお得なプランもあり
- 問：大島観光協会
  TEL04992-2-2177
  東海汽船
  TEL03-5472-9999
  大島バス
  TEL04992-2-1822

次はどの山へ行きましょうか。
お楽しみは、まだまだ、これから。

**西野淑子**　（にしの・としこ）

関東近郊を中心に、オールラウンドに山を楽しむフリーライター。日本山岳ガイド協会認定登山ガイド。著書に『ゆる山歩き　思い立ったら山日和』（東京新聞）、『東京近郊ゆる登山』（実業之日本社）など。NHK文化センター、よみうりカルチャー「東京近郊ゆる登山講座」講師。

---

撮　影 ………… 石森孝一、和氣淳

写真提供 ……… 青梅市商工観光課、大島町観光課、越生町産業観光課、甲州市観光協会、小鹿野町おもてなし課、小暮和子、杉坂千賀子、谷川岳ロープウェイ、秩父市観光課、栂池自然園、東御市商工観光課、長瀞町観光協会、長野県観光機構、日光市観光協会、箱根町観光協会、八王子市観光課、檜原村産業環境課、湯沢高原アルプの里、横瀬町観光・産業振興協会

地図製作 ……… 東京新聞編集局デザイン課

---

**もっとゆる山歩き　いつだって山日和**

2018年9月30日　第一刷発行

著　者 ………… 西野淑子

発行者 ………… 古賀健一郎

発行所 ………… 東京新聞
〒100-8505　東京都千代田区内幸町2-1-4
中日新聞東京本社
電話［編集］03-6910-2521　［営業］03-6910-2527
FAX 03-3595-4831

印刷・製本 …… 株式会社シナノ パブリッシング プレス

デザイン ……… 株式会社ポンプワークショップ

---


ISBN978-4-8083-1030-1 C0075